# TRÄUME

## deuten und sich selbst verstehen

# TRÄUME

## deuten und sich selbst verstehen

**DK London**

**Lektorat**
Emma Hill, Kiron Gill, Dawn Henderson, Mary-Clare Jerram

**Gestaltung und Bildredaktion**
Karen Constanti, Amy Child, Marianne Markham, Maxine Pedliham

**Umschlaggestaltung**
Nicola Powling, Lucy Philpott

**Herstellung**
Tony Phipps, Luca Bazzoli

**Illustrationen** Weitong Mai

Für die deutsche Ausgabe:
**Programmleitung** Monika Schlitzer
**Redaktionsleitung** Dr. Kerstin Schlieker
**Projektbetreuung** Carola Wiese
**Herstellungsleitung** Dorothee Whittaker
**Herstellungskoordination** Claudia Rode
**Herstellung** Inga Reinke

Titel der englischen Originalausgabe:
Dreams

© Dorling Kindersley Limited, London, 2019
Ein Unternehmen der Penguin Random House Group
Alle Rechte vorbehalten

© der deutschsprachigen Ausgabe by
Dorling Kindersley Verlag GmbH, München, 2020
Alle deutschsprachigen Rechte vorbehalten

Jegliche – auch auszugsweise – Verwertung, Wiedergabe,
Vervielfältigung oder Speicherung, ob elektronisch, mechanisch,
durch Fotokopie oder Aufzeichnung, bedarf der vorherigen
schriftlichen Genehmigung durch den Verlag.

**Übersetzung** Brigitte Rüßmann, Wolfgang Beuchelt
(Scriptorium – Köln)
**Lektorat** Cornelia Rüping

ISBN 978-3-8310-3889-3

**Druck und Bindung** Livonia, Lettland

MIX
Papier aus verantwor-
tungsvollen Quellen
FSC® C002795

www.dorlingkindersley.de

Hinweis
Die Informationen und Ratschläge in diesem Buch sind von den Autoren
und vom Verlag sorgfältig erwogen und geprüft, dennoch kann eine
Garantie nicht übernommen werden.
Eine Haftung der Autoren bzw. des Verlags und seiner Beauftragten
für Personen-, Sach- und Vermögensschäden ist ausgeschlossen.

# INHALT

**Fortsetzung** »

# VORWORT

Träume sind unsere Verbündeten, magische Freunde, die uns zeigen, wer wir sind und warum wir hier sind – selbst wenn sie als Albträume daherkommen. Sie verbinden verloren geglaubte Freunde über Tausende von Kilometern miteinander, sagen vorher, wo Menschen leben werden, und geben uns Ratschläge jenseits des bewussten Denkens der Träumenden. Dennoch behaupten viele Menschen, nur selten zu träumen. Und überhaupt: Ist das nicht alles nur Unfug?

Den meisten Menschen fällt es eher schwer, ihre Träume zu verstehen. Dieses Buch kann Ihnen dabei helfen, die verbreitetsten Bilder zu entschlüsseln und besser zu verstehen, wie die menschliche Psyche funktioniert. Die Traumdeutung ist jedoch keine eindeutige Wissenschaft und nicht immer kann eine Interpretation einen Traum erklären. Viele Faktoren spielen hier hinein und die folgenden Seiten wollen Sie dazu inspirieren, sich näher damit zu befassen, was da vor sich geht.

Träume scheinen ihren eigenen Regeln zu folgen. Es gibt keine feste Hierarchie der Macht, bei der etwa die Psyche das bewusste Denken beherrscht. Und doch kommen wir nicht umhin, unsere Träume zu respektieren und die Traumwelt ernst zu nehmen.

Die faszinierenden Aspekte unserer Träume sind ihre Botschaften, die oft als Metaphern oder Symbole erscheinen. Warum sind sie so klug und zutreffend? Warum der übertragene Sinn? Die Lehrer der Antike vermittelten ihr Wissen auf genau diese Weise: Sie erzählten verschlüsselte Geschichten, die ihren Zuhörern mit Sprachbildern halfen, Zusammenhänge zu erkennen und zu verstehen. Träume scheinen diesem Muster zu folgen. Sie sind immer weise Lehrer, egal wie verwirrend sie anfangs wirken mögen. Wir sind angehalten, über sie nach-zudenken, sie zu reflektieren – und dabei hilft Ihnen das Traumverzeichnis.

Das heutige Leben ist hart und angesichts der globalen Erwärmung, des politischen Chaos und einer weltweiten Zunahme mentaler und körperlicher Beschwerden auch alarmierend. Die Menschen wenden sich auf der Suche nach Führung zunehmend nach innen. Indem Sie Ihre Träume analysieren und erkennen, welch bemerkenswerte Übersicht unsere Seele zwei-felsohne besitzt, können Sie möglicherweise die Botschaften dieser verborgenen Welten enträtseln lernen.

Rosie March Smith

# THEORIE DER TRÄUME

# WARUM TRÄUMEN WIR?

Wissenschaftler bemühen sich schon lange nach Kräften, diese Frage zu beantworten, aber in Wahrheit weiß das bisher niemand. Wir träumen vier- bis sechsmal in der Nacht, und zwar jeweils ungefähr fünf bis 20 Minuten. Wir alle träumen, weil das wichtig für unsere emotionale, geistige und körperliche Gesundheit ist.

Während eines normalen Menschenlebens verbringen wir mindestens sechs Jahre in der Traumwelt, aber warum? Forscher sprechen von Gedächtniskonsolidierung, einer Art Aufräumaktion des Gehirns. Ihnen zufolge träumen wir, um unnötige neurale Verbindungen zu beseitigen und Raum für Kreativität zu schaffen.
  Sie können uns mithilfe bildgebender Verfahren sogar sagen, wie und in etwa was wir träumen, nur *warum* wir träumen, das weiß noch niemand so genau.

## Draht zum kollektiven Unbewussten

Träume sind ein Kanal, der uns die höheren und tieferen Areale unseres Geistes erreichen lässt. Eine Insel, von der man nur die Hügel und Berge sieht, ist ein gutes Symbol für die Tiefe und Weite unseres Unbewussten. Stellen Sie sich jetzt vor, dass der Meeresboden die gesamte Erde umfasst, und Sie können sich denken, wie er vermutlich mit allem in Verbindung steht. Dies ist die Grundlage von Carl Gustav Jungs Theorie des kollektiven Unbewussten, das uns alle verbindet. Hellseher behaupten, diese verbindende Geistesenergie stecke hinter ihren Fähigkeiten und erschließe ihnen die Gänze unserer Welt.

Heute präsentieren dazu Quantenphysiker faszinierende Forschungen zur »Außenzeit«, die uns möglicherweise endlich Erklärungen für die großen Mysterien liefern.

## Träume als Botschaften

Auch die Rationalisten können nicht erklären, warum manche von ihrer Zukunft träumen und das Gesehene auch eintrifft. Wochenlang fehlt jede Erinnerung an solche Träume und plötzlich werden diese Menschen von einer hellsichtigen Botschaft überrascht.

Traumbotschaften und Vorausahnungen sind schon seit Jahrtausenden bekannt. Können wir etwa auf Informationen aus dem kollektiven Unbewussten, über das auch unsere Vorfahren, Seher und Propheten verfügten, zugreifen?

Wenn es die Bestimmung unserer Träume ist, uns ohne die Beschränkungen der Technologie dabei zu helfen, die verborgenen Bereiche des Unbewussten spirituell zu erschließen, sollten wir in diesen turbulenten Zeiten vielleicht doch einen ganzheitlicheren Lebensstil anstreben.

### REM- UND NON-REM-SCHLAF

Anhand von Gehirnwellen haben Forscher entdeckt, dass wir vor allem während der Schlafphase mit schnellen Augenbewegungen (engl: rapid eye movement, REM) träumen. Wir träumen mehrmals pro Nacht in Schlafzyklen mit (REM), aber auch ohne schnelle Augenbewegungen (Non-REM). Für unsere Haustiere gilt das übrigens auch: Haben Sie schon mal beobachtet, wie sie im Schlaf zucken oder gar laufen? Forscher beobachten bei Menschen vergleichbare Traumzustände, wenn sie deren Gehirnwellen während der verschiedenen Schlafzyklen aufzeichnen. So lassen sich die emotionalen Reaktionen auf das Traumgeschehen mittels Elektrookulografie (EOG) ablesen – den Inhalt der Träume kann die Technologie aber nicht darstellen.

# WAS IST GESUNDER SCHLAF?

Die meisten Erwachsenen schlafen zwischen sieben und neun Stunden pro Nacht. Das mag wie eine lange Zeit ohne Arbeit, Besorgungen oder Spaß erscheinen, sie ist aber wichtig für Gesundheit und Wohlbefinden.

Guter Schlaf schützt unser gesamtes Wesen: Körper, Verstand und Geist. Er versorgt uns mit neuer Energie und hilft uns, klar zu denken. Zudem verbessert er unsere Immunabwehr, was uns beispielsweise vor Erkältungen bewahren kann. Und noch wichtiger: Regelmäßiger, gesunder Schlaf stärkt das Herzkreislaufsystem, reguliert den Blutzuckerspiegel, erhöht die Stressresistenz und beugt so schweren Erkrankungen wie Herzinfarkten und Schlaganfällen vor. Das bedeutet: Guter Schlaf ist aus einer Vielzahl von Gründen extrem wichtig. Leider gibt es bestimmte Schlafstörungen, die verhindern, dass sich gesunde Schlafmuster entwickeln und festigen können.

## Albträume

Bei Albträumen denken wir meist an die angstbefeuerten Träume, die Kinder im Schlaf heimsuchen, weil sie noch offen für neue Eindrücke im verwirrenden Alltag sind. Geister und Monster unter dem Bett sind paradoxerweise durchaus hilfreich, denn mit der Zeit lernen Kinder, dass es sie nicht gibt, und können so ihre Ängste überwinden. Das ist ein wichtiger Schritt für das Selbstbewusstsein.

Aber auch Erwachsene haben Albträume. Meist treten sie in der ersten Stunde der Non-REM-Phase auf und werden häufig durch etwas Beängstigendes in der realen Welt ausgelöst. Hinter wiederkehrenden Albträumen stecken oft posttraumatische Belastungsstörungen (PTBS). Psychische Erkrankungen und Drogenmissbrauch können zu Schlafstörungen durch Albträume bis hin zur Schlaflosigkeit führen. Schizophrenie geht beispielsweise mit Wahrnehmungsverzerrungen, Wahnvorstellungen und Halluzinationen einher, die ebenso verzerrte Traumbilder auslösen können. Auch zu viel Alkohol beeinträchtigt die Schlafqualität bis hin zur Schlaflosigkeit, selbst wenn er anfangs entspannend wirkt. Schlaftabletten können ebenfalls den Schlaf beeinträchtigen, da sie den Schlaf-Wach-Rhythmus stören und den Schläfer daran hindern, die REM-Phase zu erreichen, wodurch tiefer und heilsamer Schlaf unmöglich wird.

### Wiederkehrende Träume

Unangenehme Träume, die immer wieder kommen, gehören ebenfalls zum Spektrum der Störungen, weil sie Stress auslösen können. Hat der bewusste Verstand in der Vergangenheit Traumata, Ärger, Trauer oder beängstigende Situationen nicht vollständig verarbeitet, werden sie durch das Unbewusste immer wieder hochgespült. Es scheint so, als wolle die verborgene Welt der Psyche erfolglos eine Botschaft an das Bewusstsein senden.

Diese Schleife setzt sich fort, bis die machtvollen Emotionen endlich freigesetzt werden. Das geschieht meistens im Rahmen einer Therapie oder psychotherapeutischen Intervention.

## DER SCHLAF-WACH-RHYTHMUS

Der Schlaf-Wach-Rhythmus ist eine innere Uhr, die den regelmäßigen Wechsel von Wachsein und Schläfrigkeit vorgibt, und zwar tagsüber (denken Sie an das berüchtigte »Suppenkoma«) und nachts. Lebhafte, verwirrende Träume, die auftreten, während man gerade um die halbe Welt reist oder Nachtschichten fährt, sorgen nicht nur für schlechten Schlaf, sie sind auch wenig hilfreich. Sie lassen sich kaum entschlüsseln, da für sie oft die durch den gestörten Rhythmus ins Ungleichgewicht geratenen Hormone verantwortlich sind. Die Psyche kann ihre subtilen Botschaften aus dem Unbewussten unter diesen Umständen nicht übermitteln. Es ist also besser zu warten, bis sich wieder ein gesunder Rhythmus eingestellt hat.

# SCHLAF-HYGIENE

Das Wort »Hygiene« mag im Zusammenhang mit gesundem Schlaf seltsam anmuten, aber wie bei der persönlichen Reinigung sollte man auch bei seinen Schlafgewohnheiten eine feste Routine entwickeln. Unterbrechungen, konstante lange Abende und ein übermäßiger Konsum von Alkohol und Koffein sind Faktoren einer schlechten Schlafhygiene.

## Gute Einschlafroutinen

Nicht nur für Babys, sondern für uns alle ist es wichtig, eine gewisse Regelmäßigkeit zu entwickeln. Die Forschung zeigt, dass das blaue Licht von Digitaldisplays das Gehirn daran hindert, Melatonin auszuschütten. Doch dieser Botenstoff sagt dem Körper, wann es Zeit zum Schlafen ist. Verzichten Sie also besser vor dem Schlafengehen auf das Handy. Auch lebhafte Diskussionen sollten Sie besser meiden. Sie gehen aufgedreht aus dem Gespräch (oder Streit) und können schlecht einschlafen.

Lesen vor dem Schlafen kann beruhigen. Ein warmes Bad, Yoga oder Meditation sorgen für eine gesunde, entspannte Stimmung für die Nacht. Sorgen verstärken sich, wenn Körper und Geist vom Tag erschöpft sind, und Sie verlieren schnell den Überblick. Meditation kann dabei helfen, Unruhe und Ängste abzubauen oder zumindest die Schultern zu entspannen und die rasenden Gedanken abzustellen.

## Die perfekte Schlafumgebung

Ist Ihr Schlafzimmer gemütlich und angenehm temperiert, ohne zu warm zu sein? Kühle 16 bis 18 °C gelten allgemein als die ideale Temperatur fürs Schlafzimmer.

Wenn helles Licht in Ihr Schlafzimmerfenster scheint, hängen Sie dunklen Stoff auf oder schaffen Sie sich schwere, dichte Vorhänge an. Gegen Geräusche (z. B. eines schnarchenden Partners oder Verkehrslärm) kann ein Rauschgenerator helfen. Es gibt verschiedene Modelle. Ideal sind diejenigen, die auch Hintergrund- und Naturgeräusche wie einen Wasserfall oder Vogelgezwitscher generieren, denn die reinen Geräuschabfolgen sind vorhersehbar.

### DIE MACHT VON KÄSE

Der gewöhnlich als Schlafstörer verdächtigte Käse kann auch zu gutem Schlaf verhelfen. Denn er enthält große Mengen der Aminosäure Tryptophan, aus der unser Gehirn das Wohlfühl- und Glückshormon Serotonin produziert. Tryptophan wird eingesetzt, um prämenstruelle Beschwerden bei Frauen zu lindern, aber auch zur Behandlung der saisonal-affektiven Störung (SAS) und anderer depressiver Formen. Zudem sorgt es für Entspannung und tiefen Schlaf. Abgesehen davon, dass einige kräftige, geruchsintensive Käse noch weitere dem Tryptophan ähnliche Verbindungen enthalten, die lebhafte Träume anregen können, ist an der Volksmär, dass Käse schlafstörende Wirkung hat, gar nichts dran.

# »ICH GLAUBE, DER MENSCH TRÄUMT NUR, DAMIT ER NICHT AUFHÖRE ZU SEHEN.«

**JOHANN WOLFGANG VON GOETHE**
*DIE WAHLVERWANDTSCHAFTEN, 1809. 2. TEIL, 3. KAPITEL*

# DIE FRÜHEN TRAUMDEUTER

Schon in der Antike beschäftigten sich die Menschen mit Träumen, auch wenn sich die meisten Referenzen in der Bibel finden. Aber erst im 20. Jahrhundert setzte die Traumforschung ein. Statt brennender Sträucher und Feuerwagen (was für uns eher nach UFO-Sichtungen als nach Prophezeiungen klingt) offenbarten Träume den professionellen Beobachtern faszinierende Einblicke. Sie galten als zutiefst bedeutungsvoll, denn man ging davon aus, dass sie verborgene Funktionen des menschlichen Gehirns enthüllen.

## Sigmund Freud

Der österreichische Psychiater Sigmund Freud, der Begründer der Psychoanalyse, gilt als führende Autorität in der Gesprächstherapie. Freud erkannte als Erster die Bedeutung von Träumen für die geistige Gesundheit. Im Jahr 1900 veröffentlichte er sein Buch *Die Traumdeutung*, in dem er die Grundlagen der Psychoanalyse darlegte und seine Kollegen mit der Annahme konfrontierte, dass die Traumgeschichten seiner Patienten verborgene sexuelle Konflikte aufzeigten.

Allerdings warfen seitdem diverse Wissenschaftler die Frage auf, ob Freuds eigene Probleme mit seinen sexuellen Neigungen diesen Interpretationsansatz eventuell beeinflusst haben könnten. Bezeichnenderweise sah Freud eine Verbindung zwischen der griechischen Figur des Ödipus (der versehentlich seinen Vater tötet und seine Mutter heiratet, weil er glaubt, adoptiert zu sein) und den verborgenen, unterdrückten sexuellen Wünschen seiner Patienten.

Freud war es auch wichtig, streng rational zu bleiben, damit seine skeptischen Kollegen ihn akzeptierten. Daher lehnte er alle mystischen, außerweltlichen Ideen ab, die einige seiner Studenten aufbrachten.

Heute ist Freud vor allem für seine Theorie der Verdrängung bekannt, er entwickelte aber auch andere wichtigen Ideen, die die Fachwelt bis heute in weiten Teilen respektiert.

>> FÜR FREUD DEUTETEN DIE TRAUM-ERLEBNISSE SEINER PATIENTEN AUF VER-DECKTE SEXUELLE KONFLIKTE HIN. <<

Fortsetzung »

>> NACH JUNG DRÜCKEN
TRÄUME DAS WISSEN DES
UNBEWUSSTEN AUS. <<

## Carl Gustav Jung

Der Name des in der Schweiz geborenen Freud-Schülers und Begründers der analytischen Psychologie Carl Gustav Jung ist untrennbar mit der Traumdeutung verbunden. Jung hat die moderne Traumforschung stärker beeinflusst als jeder vor ihm. Er löste sich von den einseitigen Interpretationen Freuds und bestand darauf, dass Träume einer transzendenten Quelle entspringen: der Welt des Geistes. Für ihn reflektieren sie unser waches Selbst und helfen, Probleme zu lösen. Diese positive Sichtweise förderte den philosophischen Ansatz, dass die menschliche Psyche mehr ist als die Menge persönlicher Erfahrungen.

Jung entwickelte seine eigenen Vorstellungen von der Welt der Träume, die für ihn nur wenig mit Hinweisen auf das Verborgene in verschlüsselter Form zu tun hatten. Nach ihm drücken Träume vielmehr das Wissen des Unbewussten aus, das sich häufig in Symbole und Metaphern hüllt und so das Bewusste mit dem Unbewussten verbindet.

Laut Jung gaben Träume wichtige Hinweise bezüglich der Reise des Träumenden hin zur Individuation, der Transformation der ungeformten Person zur einzigartigen Persönlichkeit. Dabei geht es auch darum, dass Frauen einen maskulinen (*Animus*) Anteil haben und Männer einen femininen (*Anima*). Beide Seiten der Psyche sind wichtig für die eigene Entwicklung.

Anders als Freud betrachtete Jung das Leben aus ganzheitlicher Sicht. Er glaubte an Alchemie, Astrologie und Mythologie. In der Selbstanalyse ging er mutig so weit, sich seiner eigenen unbewussten Welt zu stellen, was allgemein als gefährlich galt. Nach einem psychischen Zusammenbruch entwickelte er klare Vorstellungen über Archetypen, Komplexe, das kollektive Unbewusste und Individuation, die auch heute noch zum psychiatrischen und psychologischen Grundrepertoire zählen.

## Calvin S. Hall

Der Amerikaner Calvin Springer Hall sah die Welt der Träume aus einer anderen Perspektive. Der Verhaltenspsychologe entwickelte Mitte des letzten Jahrhunderts eine kognitive Theorie der Träume, in der er Jungs Idee

zurückweist, Trauminhalte stammten manchmal aus höheren Sphären. Für ihn waren sie ganz einfach Resultat persönlicher Gedanken, Hoffnungen, Ängste und Erfahrungen.

Hall schrieb, dass Träume die Vorstellungen des Träumenden von sich, seiner Familie und Freunden zeigen und die eigenen Ansichten des Träumers enthüllen.

## Edgar Cayce

Der Amerikaner Edgar Cayce wurde Anfang des 20. Jahrhunderts dadurch berühmt, dass er hellsichtig träumte, Diagnosen für Tausende dankbarer Kranker fand und im Trancezustand Behandlungen und Heilmittel empfahl. Die Traumwelt prägte sein ganzes Sein. Cayce belegte unwissentlich Jungs Idee vom Gruppenbewusstsein, denn er war in der Lage, aus der Entfernung Fremde zu »sehen« und Diagnosen zu stellen, ohne deren Beschwerden zu kennen. Anders als Jung behauptete

er aber, Traumata aus früheren Leben erkennen zu können, die zu den aktuellen Problemen der Patienten führten.

Die Hellsichtigkeit trat bei Cayce schon in der Kindheit auf, als ihn der Ärger seines Vaters über seine Lernschwäche ängstigte. Eines Tages schlief er mit dem Kopf auf seiner Rechtschreibfibel tief ein. Als er erwachte, konnte er überraschenderweise alle Fragen zur Rechtschreibung beantworten. Später lernte er im Tiefschlaf, seinen chronischen Stimmverlust und eine hartnäckige Kinderkrankheit zu heilen.

Fans nannten Cayce den »Schlafenden Propheten«. Tausende Patienten suchten ihn über die Jahre auf und schätzten seine »Verordnungen«: ganzheitliche Heilmethoden wie Homöopathie, ätherische Öle, Schlammbäder, Diäten und Meditation. Für ihn waren »Träume die Antworten der Nacht auf die Fragen von Morgen« und er nutzte wie Jung Symbole für seine Traumdeutung.

# DIE GESCHICHTE DER TRAUMDEUTUNG

Träume gibt es seit Jahrtausenden, dokumentiert wurden sie aber erst seit den Hochzeiten der frühen Zivilisationen. Außer durch Höhlenmalereien — immer wieder werden neue entdeckt —, wissen wir kaum etwas aus der Vorzeit. Doch auch diese Kunstwerke bleiben rätselhaft. Vielleicht werden wir nie erfahren, ob die bunten Tierzeichnungen Traumbilder oder Jagdpläne für den nächsten Tag darstellen.

## » DIE ÄGYPTER SCHRIEBEN DAS ERSTE BUCH ÜBER TRÄUME. «

Die alten Ägypter waren die Ersten, die ihre Träume bewusst dokumentieren wollten und konnten. Für sie und viele andere Kulturen vor und nach ihnen waren Träume vor allem Hinweise auf die Qualität des Lebens in der realen Umwelt. Sie hatten die innere Welt noch nicht entdeckt, das sollte erst Tausende Jahre später geschehen.

### Frühe Formen der Traumdeutung

So verfassten die Ägypter das erste Buch über Träume, das man später in Ruinen am Nil fand. Das *Hieratische Traumbuch* wurde vor fast 3000 Jahren auf Papyrus geschrieben, es enthält aber keinerlei Hinweise auf die verborgenen Anteile des Menschen. Griechen und Römer standen vor allem auf Omen und Vorzeichen: Heutige Psychologen würden die Checklisten der Priester mit Symbolen und Interpretationen amüsieren, doch entsprang die Symbolik der damaligen Zeit. Man engagierte auch Seher, um die künftigen Geschicke einzelner Menschen zu erkunden.

Etwa 1000 Jahre früher hatten auch die Chinesen den Träumen eine große Bedeutung gegeben. Sie sahen sie eher als ein Mittel zur Erforschung der großen Welt des Geistes und nicht als Symbol für Schicksal oder spirituelle Entwicklung. Die wenigen erhaltenen Dokumente klingen eher philosophisch: »Sieht der Träumende einen Schmetterling oder sieht ein schlafender Schmetterling den Träumer?« Das war kaum eine Anleitung zur Selbsthilfe.

### Schlechte Omen

Die Traumberichte unserer antiken Vorfahren waren klar und einfach an Erfolg und Misserfolg orientiert. So stand im *Hieratischen Traumbuch* rote Tinte für schlechte Kunde, denn Rot war im alten Ägypten die Farbe der ungünstigen Omen. Die Hebräer hielten es genauso, auch sie waren noch nicht bereit für die Feinheiten der Träume, wie wir sie heute kennen. Nur die Urkulturen kannten schon das spirituelle Konzept der Einheit mit der Welt und verstanden, dass alles und jeder mit Geist erfüllt ist, der unsichtbaren Energie, die alles miteinander verbindet.

Irgendwann entstand ein Bruch und die Menschen schrieben allein den Göttern spirituelle Macht zu. Sie herrschten aus der Ferne und trafen Entscheidungen für die Menschen. Das prähistorische Verständnis von der Einheit mit dem Universum, der glückbringenden Verbindung zwischen Innen- und Außenwelt war verloren gegangen.

Diese Entwicklung führte über die Jahrhunderte zu katastrophalen Ereignissen wie Religionskriegen. Dass die spirituelle Macht zu einem göttlichen Monopol wurde, war ein schwerer Verlust für die Gesellschaft.

# TRÄUME ALS BOTSCHAFTEN DER GÖTTER

Unsere Vorfahren in der jüngeren Vergangenheit glaubten, das göttliche Führung nur von außen kommen kann. Die Bibel bestätigte das, denn häufig war von himmlischen Stimmen und Visionen die Rede, die die Propheten den Menschen nahe brachten. Dabei konnten wohl auch einfache Menschen die Zukunft vorhersagen. Meist bewahrten sie aber lieber Stillschweigen, weil sie entweder ihre Prophezeiungen nicht aufschreiben konnten oder Angst vor negativen Folgen hatten.

## Gefährliche Zeiten

Enthielt ein Traum eine Botschaft, die nicht von einem akzeptierten Propheten Gottes stammte, oder ermöglichte er einen Blick in die Zukunft, war das für die frühen Christen Blasphemie. Sie hatten wie der in Ägypten aufgewachsene Moses den Monotheismus des Pharaos Echnaton (18. Dynastie) übernommen, nach dem es nur einen Gott gibt, der seine Wünsche durch wenige Auserwählte übermittelt. So berichtet die Bibel, dass beispielsweise Joseph und Daniel Träume von Gott empfangen hätten.

Normalsterbliche blieben in den nächsten 1000 Jahren lieber stumm, was ihre Träume anging. Dann wagten es im 15. und 16. Jahrhundert zwei Menschen aus Europa, sich zu äußern. Die eine war Mother Shipton aus Yorkshire in England: Sie schrieb ihre Visionen, die meist mit ihrem persönlichen Umfeld zu tun hatten, in gereimter Form auf. Sie sah aber auch pferdelose Kutschen und eiserne Boote voraus, die die Meere befuhren (sie sah allerdings auch wie einst die Maya das Ende der Welt voraus, was nicht gerade für ihre Prophezeiungen spricht).

Schon seit dem 14. Jahrhundert wurden im Süden Frankreichs Hexen verbrannt, weil sie angeblich gegen die Kirche waren. England übernahm diese Praxis im 16. Jahrhundert. Mother Shipton entging dem entsetzlichen Tod auf dem Scheiterhaufen nur, weil sie ihre Visionen in schwer zu entschlüsselnde Reime fasste.

Der ebenso hellsichtige Franzose Nostradamus verfasste 1555 seine außerordentlich einsichtigen *Propheties* in knappen Vierzeilern (hatte er sie geträumt oder eine Glaskugel verwendet?). Das Buch entwickelte sich in den nächsten Jahrhunderten zum Bestseller und wird bis heute nachgedruckt. Viele Wissenschaftler sehen sein Werk kritisch, aber dennoch gesteht man dem Arzt aus der Provence zu, dass er zwei Weltkriege, die atomare Zerstörung, den Angriff auf das World Trade Center und den katastrophalen Klimawandel vorhergesagt hat.

# PROPHETISCHE TRÄUME

Im 19. Jahrhundert erkannte man langsam die Bedeutung der Innenwelt, allen voran Sigmund Freud, der feststellte, dass seine Patienten mit tief liegenden Problemen zu kämpfen hatten, die der Verstand nicht wahrnehmen konnte. Aber erst Carl Gustav Jung entdeckte, dass prophetische Träume aus genau diesem Reich stammen, als er seine Theorie des kollektiven Unbewussten entwickelte, der zufolge wir mit allem verbunden sind.

### Blick in die Zukunft

Man nimmt an, dass fast die Hälfte aller Menschen hellsichtige Träume hat, nicht unbedingt so dramatische, wie die auf der nächsten Seite, aber mit alltäglichen Blicken in die Zukunft als Bildschnipsel oder verblüffend akkurate Bilder. Allen gemeinsam ist, dass sie ihrer Zeit voraus sind.

Es ist bekannt, dass Regierungen in aller Welt Menschen mit außersinnlichen hellseherischen Fähigkeiten einsetzen, um ferne Orte auszuspionieren. Wir dürfen uns also fragen, ob es tatsächlich einen Unterschied zwischen dieser anerkannten Form der Fernwahrnehmung (wie sie genannt wird) und hellsichtigen Träumen gibt.

### Quantenphysik

Heute ebnet uns die Quantenphysik den Weg zum Verständnis des Unmöglichen. Sie weist auf die Wahrscheinlichkeit hin, dass Hellsichtigkeit wirklich existiert, denn Zeit, wie wir sie kennen, erscheint auf subatomarer Ebene bedeutungslos. Wir können im Schlafzustand

alte Freunde auf der anderen Seite des Globus aufspüren, mit ihnen sprechen, sie umarmen und trotzdem zum Frühstück wieder zu Hause sein.

## Hellsichtige Träumer

Männer und Frauen mit außersinnlicher Wahrnehmung (ASW) und hellsichtige Träumer scheinen eines gemeinsam zu haben: Sie greifen auf eine Ebene zu, in der Vergangenheit, Gegenwart und Zukunft eins sind. Beispiele:

» Abraham Lincoln träumte kurz vor seinem Tod von seiner Ermordung.

» Albert Einstein empfing seine Relativitätstheorie im Traum.

» Der Beatle Paul McCartney komponierte *Yesterday*, nachdem er die Melodie in einem Traum gehört hatte.

» Der Golfspieler Jack Nicklaus träumte davon, wie er seinen Schläger halten sollte, um zu siegen.

» Der Autor Robert Louis Stevenson sah Dr. Jekyll und Mr. Hyde in einem Traum, bevor er das berühmte Buch verfasste.

## FALLSTUDIE: REBECCA

**Der britische Forscher** und Fernsehmoderator Dr. Christopher Evans sagte zu Rebecca: »Wenn Sie mir einen Beweis für hellsichtige Träume bringen, glaube ich Ihnen.« Als sie einige Wochen später im Dezember den Briefträger hörte, sagte sie zu ihrem Ehemann: »Ich habe gerade geträumt, dass Peggie uns aus den Staaten schreibt – irgendwas über eine Mumie [engl.: »Mummy«] und blaugrüne Kleidung. Schreib das bitte auf, während ich den Brief hole.« Rebecca öffnete Peggies Brief, in dem ihre Schwester sie bat, ein blaugrünes Kleid als Geschenk für »Mami« [engl.: ebenfalls »Mummy«] zu kaufen. Rebecca rief Dr. Evans an und bat um ein Treffen, aber der wies diese Bitte höflich zurück. Er bestand darauf, dass Rebecca den Brief gelesen und sich später eingebildet habe, den Inhalt vorher geträumt zu haben.

Die meisten Wissenschaftler bleiben also bei ihrer Einstellung, während Hellseher und Medien an ihrer Version festhalten. Es gibt aber Hoffnung: Der bedeutende amerikanische Stammzellenforscher Dr. Bruce Lipton schreibt in seinem Bestseller *Intelligente Zellen: wie Erfahrungen unsere Gene steuern:* »Ich glaube …, dass wir erst durch die Verbindung von Geist und Wissenschaft die Mittel finden werden, eine bessere Welt zu erschaffen.«

# TRÄUME ERINNERN UND DEUTEN

# GRUNDLAGEN: SEI FOKUSSIERT UND ACHTSAM

Therapie richtet sich allgemein ganzheitlicher aus und der Körper mit seinem tiefen Wissen wird als wichtiger Aspekt der Eigenwahrnehmung mehr anerkannt. Indem wir unseren Körper achtsam beobachten, können wir viel lernen. Muskelspannung, Zittern, Hitze- und Kälteempfinden und vieles andere weisen auf erlebte Emotionen hin. Nehmen wir dies wahr, fällt es uns leichter, unsere Träume zu erinnern.

## Im Kontakt mit dem eigenen Körper

Nicht nur der Geist, der nach dem Aufwachen noch mit Erinnerungen an einen Traum beschäftigt ist, sondern auch der Körper war am Traumgeschehen beteiligt. Vielleicht haben Sie gerade eine Liebesnacht mit einem früheren Partner erlebt. Es mag nicht immer so klar sein, aber auch der Körper erinnert sich.

Intensiver wirkt meist Angst, unser wichtigster primärer Überlebensinstinkt. Auch wenn reines Überleben in unserer Welt seltener ein Thema ist, der psychologische Überlebenskampf muss auf jeden Fall ausgefochten werden. Der Körper des Träumenden durchlebt die Erinnerung an eine unangenehme Begegnung und möchte fliehen. Wie die Körpertherapieforschung entdeckt hat, werden Erinnerungen auf Zellebene gespeichert und können vom Traumgeschehen getriggert werden. Manchmal ist das körperliche Echo eindeutig spürbar, manchmal nicht.

### Focusing

Der amerikanische Philosoph und Psychologe Eugene Gendlin entwickelte eine Methode, um diese somatischen Erinnerun-

>> TÄGLICHE MEDITATION
WIRD IHNEN HELFEN,
TIEFER IN IHRE INNENWELT
ZU GELANGEN. <<

gen zu ergründen: das Focusing. Dabei tritt man in Kontakt mit verborgenen Wahrnehmungen, die er als »besondere Art internen körperlichen Bewusstseins« beschrieb. Es handelt sich nicht um Emotionen, sondern eher einen »felt sense« (gefühlter Sinn/gespürte Bedeutung), der sich erst einordnen lässt, wenn man sich nach innen wendet und den Sinn erfasst.

Muskelverspannungen können die Folge unterdrückter Schmerz- und Wutgefühle aus der Kindheit sein. Das Gehirn kleiner Kinder ist noch nicht weit genug entwickelt, um Schocks zu verarbeiten, mögen sie auch noch so harmlos sein. Focusing kann helfen, dies zu lindern, sei es durch die von Gendlin empfohlenen Focusing-Schritte (siehe Weiterführende Literatur, S. 211) oder die Hilfe eines Körpertherapeuten, der darauf spezialisiert ist.

## Achtsamkeit

Achtsamkeit ist ein weiterer wertvoller Weg, um bewusst wahrzunehmen, was wir denken und fühlen. Dabei benutzen wir vor allem die rechte Gehirnhälfte, den Sitz der Intuition und Fantasie. Die linke Gehirnhälfte ist für Logik und das Durchdringen der Außenwelt zuständig. Sind beide Seiten im Gleichgewicht, ist alles in Ordnung. Oft wird aber die linke Gehirnhälfte zu sehr betont, denken Sie nur an Wirtschaft, Politik und Jura. Die damit verbundene stark rationale Denkweise kann überdecken, was die Psyche uns mitteilen möchte.

Wenn Ihnen der Einstieg schwerfällt, finden Sie einen ruhigen Ort, an dem Sie sich auf Ihren Atem konzentrieren können. Lassen Sie aufkommende Gedanken zu. Kehren Sie aber immer wieder zu Ihrem Atem zurück, um Ihren plappernden Geist zu beruhigen und einen inneren Raum für kreative Gedanken zu eröffnen. Wie der Psychotherapeut Nigel Wellings, Autor von *Why Can't I Meditate?*, sagt: »Durch Achtsamkeit können wir uns dabei ertappen, wie wir ausgetretene Wege beschreiten, die uns nicht guttun, und uns bewusst entscheiden, etwas anders zu machen.«

Tägliche Meditation wird Ihnen helfen, tiefer in Ihre Innenwelt zu gelangen. Es fördert nicht nur die Öffnung des eigenen Bewusstseins, sondern vermindert wissenschaftlich belegt Stress, beruhigt den Geist und bereitet den Weg für tieferen Schlaf und intensiveres Traumerleben.

# TIPPS: DAS ERINNERN FÖRDERN

Legen Sie Stift und Notizbuch am Bett bereit. Das Traumgeschehen verblasst zu schnell, wenn Alltagsgedanken wie »Es ist Zeit, aufzustehen und in die Gänge zu kommen« den Geist einnehmen. Wenn Sie beim Aufwachen Ihre Erinnerung nicht gleich festhalten, können entscheidende Informationen verloren gehen. Manche Menschen zwingen sich, nachts das Licht anzuschalten, wenn ein starker Traum sie weckt. Sie wissen, sie müssen ihn niederschreiben oder er gerät in Vergessenheit.

### Notizen machen

Sobald Sie aus einem Traum aufwachen und fühlen, dass er wichtig war, greifen Sie zum Notizbuch. Schreiben Sie jedes Detail auf, das Sie erinnern (Tipps dazu, was in ein Traumtagebuch hineingehört, siehe S. 37–39). Es geht nicht darum, knappe, faktenorientierte Stichpunkte zu notieren. Es findet ja kein Geschäftstreffen zwischen dem Bewussten und dem Nichtbewussten statt. Kernaussagen des Traums können sich in Nebensächlichkeiten verbergen.

Wenn Sie wegen äußerer Umstände, die der Alltag so mit sich bringt, nichts niederschreiben können, versuchen Sie, sich zumindest ein Wort zu merken (z. B. »Autos«). Behalten Sie es im Kopf, bis Sie den Rest notieren können. Ihnen fällt dann vermutlich nicht mehr alles ein, aber vielleicht kann dies der Einstieg dazu sein, ein Traumtagebuch zu führen.

### Traumtagebuch führen

Traumtagebücher gewähren nicht nur interessante Einblicke in die eigene Vergangenheit,

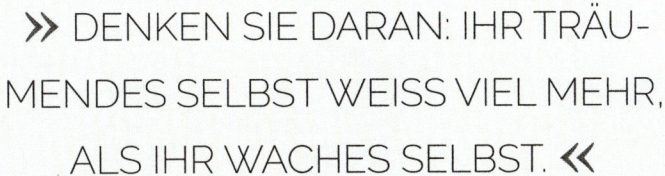

## » DENKEN SIE DARAN: IHR TRÄUMENDES SELBST WEISS VIEL MEHR, ALS IHR WACHES SELBST. «

sondern auch in frühere Gefühlslagen. Sie werden erstaunt sein, was ein solches Tagebuch preisgibt. Selbst wenn Sie nur einmal pro Woche oder Monat Ihre Träume nachlesen, werden Sie feststellen, wie verblüffend und aufschlussreich sie sind. Manche Träume erschließen sich nicht gleich. Manchmal müssen erst noch andere Dinge passieren, damit wir ihren Sinn erkennen (eine Anleitung zur Entschlüsselung von Träumen finden Sie auf S. 36–41). Denken Sie daran: Ihr träumendes Selbst weiß viel mehr als Ihr waches Selbst. Lassen Sie den Gedanken zu, dass es zukünftige Ereignisse und Begegnungen einbezieht (mehr zu vorausahnenden Träumen siehe S. 28–29).

### Den gefühlten Sinn analysieren

Stellen Sie sicher, dass Sie nicht nur Ihren Traum niedergeschrieben haben, sondern auch den »felt sense«, wie Dr. Eugene Gendlin ihn in seinem Buch *Focusing* beschrieben hat (siehe Weiterführende Literatur, S. 211). Damit sind die körperlichen Empfindungen gemeint, z. B. Spannungen oder Stiche, die der Traum ausgelöst hat (weitere Informationen zu dieser Methode, siehe S. 32–33). Dies kann wichtige Erinnerungen aktivieren.

### Sinnvolle Hilfsmittel

**Notizbuch mit festem Einband**
Legen Sie ein kleines Notizbuch direkt an Ihr Bett. Es sollte unliniert sein, damit Sie auch kleine Skizzen hineinzeichnen können. Loseblattsammlungen sind keine gute Idee, einzelne Seiten könnten schnell verloren gehen.

**Traumtagebuch**
Nehmen Sie Ihr Traumtagebuch ernst. Es enthält wertvolle Aufzeichnungen darüber, wie Ihr Unterbewusstsein Ihnen helfen will, zu wachsen und voranzukommen.

**Kleine Taschenlampe**
Besonders wenn man seinen Partner nicht aufwecken möchte, ist eine kleine Taschenlampe am Bett sinnvoll. Die Taschenlampe des Smartphones empfiehlt sich eher nicht, da sie – wie die Nachttischlampe – viel zu hell ist.

**Smartphone oder Aufnahmegerät**
Die Erinnerungen ins Smartphone oder ein anderes Diktiergerät zu sprechen, ist eine gute Idee. Damit wecken Sie aber vielleicht andere, wenn Sie sich nicht aus dem Schlafzimmer schleichen.

# DIE EIGENEN TRÄUME ENT- SCHLÜSSELN

Sich ausgiebig mit den eigenen Träumen zu beschäftigen ist, als würde man einen vollen Koffer nach und nach auspacken. Manchmal gibt schon die obere Schicht eindeutig Aufschluss und eine Bedeutung lässt sich beim Aufwachen direkt erfassen. Manchmal liegen die Schichten so dicht, dass man Hilfe benötigt, um den Sinn zu entschlüsseln.

In sechs Schritten können Sie Unverständliches schnell enträtseln. Notieren Sie Ihre Assoziationen zum Traumszenario, Ihre Emotionen und körperlichen Reaktionen. Beantworten Sie dann die folgenden Fragen schriftlich. Vielleicht begegnen Sie in Ihren Träumen unerwarteten Personen. Sie sind da, um Sie zu geleiten, zu ermutigen oder Ihnen die Richtung zu mehr Selbsterkenntnis zu weisen.

## WO SIND SIE?

》 **Was ist die Szenerie des Traums?** Ist es sonnig und hell oder dunkel? Sind Sie draußen oder drinnen? Im Obergeschoss oder im Keller?

》 **Erinnert Sie der Traum an einen vertrauten Ort?** Haben Sie in Ihrem Wachleben Zeit an einem solchen Ort verbracht oder erinnert er Sie vielleicht an einen Ort aus Ihrer Kindheit oder der jüngeren Vergangenheit?

》 **Was assoziieren Sie mit dem Traumort?** Löst er glückliche oder unangenehme Gefühle aus? Möglicherweise hat sich das im Lauf des Traums auch verändert. Was Sie fühlen, ist ein wichtiger Aspekt vom Traumerleben und damit ein zentraler Bestandteil des Rätsels.

## WER KOMMT IM TRAUM VOR?

》 **Sind Sie im Traum allein, zu zweit oder zu mehreren?** Sind Sie mit den anderen vertraut? Wenn nicht, erinnern Sie sie (vage) an jemanden? Bei der Traumdeutung zählen die wahrgenommenen Eigenschaften einer Person, nicht ihr Aussehen. Aber vielleicht sind es auch Fremde ohne Gesicht?

》 **Was fühlen Sie, wenn Sie eine Person im Traum erkennen?** Handelt es sich um einen Freund oder Liebhaber, eine Berühmtheit? Schreiben Sie auf, was Ihnen beim Gedanken an diesen Menschen in den Sinn kommt.

》 **Wann oder wie hatte die Person in Ihrem Wachleben den stärksten Einfluss auf Sie?** Die Antwort darauf könnte einen Hinweis zu ihrem unerwarteten Erscheinen liefern.

》 **Wer ist die Hauptperson im Traum?** Der Mann oder die Frau können nach C. G. Jung ein Teil Ihres Selbst sein, Ihre maskuline (*Animus*) oder feminine (*Anima*) Energie. Alternativ kann die Person (verschleiert) eine Ihrer Charaktereigenschaften repräsentieren oder einen Teil von Ihnen, den Sie im Wachleben verleugnen. Wir alle haben verdeckte Subpersönlichkeiten in unserer unbewussten Welt.

**Fortsetzung 》**

# WIE FÜHLEN SIE SICH?

>> **Lässt das Gefühl direkt beim Aufwachen glückliche Erinnerungen an ein früheres Ereignis aufkommen?** Manchmal möchte man sogar weinen, weil man im Traum einem vertrauten Menschen begegnet ist, den man so gerne wiedersähe, der aber in der Außenwelt nicht mehr da ist, z. B. einen Partner oder ein Elternteil.

>> **Welche Emotionen ruft die starke Erinnerung an den Traum wach?** Ist es Wärme, Zuneigung, Verlegenheit, Hass oder Angst? (Dies sind nur Beispiele.)

>> **Wie haben Sie sich im Traum gefühlt?** Ihre Empfindungen im Traumszenario sagen Ihnen die ungeschminkte Wahrheit über Gefühle, die Ihnen unter Umständen nicht bewusst sind. Vielleicht versuchen Sie Ängste, Schüchternheit, fehlendes Selbstvertrauen oder Konfliktscheu vor sich selbst zu verbergen. Ihre Psyche aber kennt Ihre tiefsten Geheimnisse nur allzu gut und bringt sie an die Oberfläche, damit Sie sich ihnen stellen können.

# WIE FÜHLT SICH IHR KÖRPER?

>> **Hat der Traum bei Ihnen körperliche Empfindungen ausgelöst?** Sexuelle Gefühle beispielsweise können sich im Traum entsprechend fortsetzen – oder auch nicht. Andere körperliche Empfindungen sind ebenso wichtig.

>> **Ist Ihr Körper nach einer beunruhigenden oder beängstigenden Episode im Traum angespannt?** Verstärken Sie dieses Gefühl, am besten noch im Bett, bis es körperlich unange- nehm wird. Woran denken Sie dabei? Durch die Verbindung zum Traumgeschehen könnte das Körpergefühl weitere Informationen aus der Tiefe Ihres Unterbewusstseins holen, etwa auf zellularer Ebene gefangene Empfindungen.

>> **Erkunden Sie Ihre »felt senses«.** Woran erinnert Sie der Schmerz im steifen Nacken? Sind Arme, Po, Waden und Schultern angespannt, als wollten Sie zuschlagen, fliehen oder sich verteidigen? Die »felt senses« können beim Aufspüren der Traumbotschaft hilfreiche Anhaltspunkte sein.

**Fortsetzung** »

## WELCHE EREIGNISSE GINGEN DEM TRAUM VORAUS?

>> **Was geschah am Tag vor dem Traum?** Häufig ist wichtig, was sich im Lauf der letzten Stunden ereignet hat. Träume kommen oft wie aufs Stichwort in der folgenden Nacht, ebenso häufig sind sie sehr direkte Kommentare zu den Gedanken und den Aktivitäten des Tages.

>> **Was ist in der letzten Woche passiert?** Der Traum könnte sich mit den Geschehnissen der letzten Woche befassen und das, was im Alltag vor sich geht, hintergründig kommentieren.

>> **Mussten Sie kürzlich über etwas Wichtiges entscheiden oder waren Sie wegen kleiner Sachen beunruhigt?** Dies kann im Wachsein Energie kosten und emotionale Reserven aufzehren. In solchen Situationen kommen hilfreiche Träume ganz von selbst: Sie weisen uns den Weg nach vorne und zeigen uns neue Möglichkeiten auf, wie wir mit unseren Sorgen umgehen können.

## KÖNNEN SIE DEN TRAUM WEITERTRÄUMEN?

⟩⟩ **Wenn Sie in einem Traumszenario eine gute Gelegenheit nutzen, versuchen Sie sich vorzustellen, was passieren würde, wenn Sie dies auch in der Realität täten.** Selbst wenn der Traum beim Aufwachen ein schlüssiges Ende hatte, versuchen Sie ihn weiterzuspinnen. Weiterträumen hat ein bisschen Ähnlichkeit mit Meditation.

⟩⟩ **Würden Sie die Gelegenheit, die sich Ihnen geboten hat, annehmen oder ablehnen und warum?** Achten Sie darauf, welche Emotionen Ihre Überlegungen auslösen. Sie könnten hilfreich für Ihre Entscheidung im Wachleben sein. Führen Sie in Gedanken eine Unterhaltung mit der Person, die Ihnen im Traum wichtig erschien, um klarere Perspektiven formulieren zu können. Dieses von C. G. Jung entwickelte Verfahren heißt »Aktive Imagination«. Viele Therapeuten wenden ähnliche Methoden an, um die bewusste Wahrnehmung ihrer Patienten zu aktivieren.

⟩⟩ **Stellen Sie sich vor, Sie setzen die Person (die auch ein Teil Ihres Selbst sein kann) in Ihrem Traum in einen Stuhl.** Schauen Sie sie an und beginnen Sie ein Gespräch. Stellen Sie Fragen wie: »Warum bist du von deinem Leben so gelangweilt?« Oder: »Du scheinst unglücklich zu sein. Möchtest du darüber sprechen?« Die Antworten, die Sie sich vorstellen, könnten Sie überraschen und sehr erhellend sein. Ist die Person im Sessel tatsächlich ein verborgener Teil von Ihnen, etwa eine kritische oder ängstliche Subpersönlichkeit, die gehört und eingebunden werden möchte, kann das Ergründen dieser Wahrnehmung Ihnen einen interessanten Einblick in sonst verborgene Bereiche Ihres Selbst geben.

**Fortsetzung** ⟩⟩

# FALLSTUDIE: MARTHA

Martha dachte darüber nach, ob sie nach 30 Jahren ihren Mann verlassen sollte. Es fiel ihr schwer, diese lebensverändernde Entscheidung zu treffen. Martha hatte einen Traum, den sie mithilfe der sechs Schritte entschlüsselte, und fand den Mut, ihren Weg zu gehen.

## DER TRAUM

»Auf einem Festival lag ich nackt in der Sonne im Gras, war aber teilweise zugedeckt. Ein Mann legte sich neben mich und legte eine Hand auf meinen Arm. Die Berührung war nicht sexuell, sondern freundschaftlich. Dann spielte eine Band *Can't Find My Way Home* von Blind Faith, was mir wichtig erschien. Dann war ich in einem Restaurant, in dem teure Accessoires verkauft wurden. Eine Handtasche und ein Portemonnaie gefielen mir. Als ich das Restaurant verlassen hatte, bemerkte ich, dass ich beide Dinge noch festhielt, aber nicht bezahlt hatte! Das würde ich morgen tun. Aber eigentlich wollte ich für das Portemonnaie nicht bezahlen. Ich hatte ja bereits meinen Ausweis hineingetan.

Dann brachte mich die Rolltreppe wie ein Zug vom Restaurant in eine andere Ecke der Stadt, die ich nicht kannte. Als ich ausstieg, fiel mir ein Theater auf. Ich mag Theater nicht, irgendwie graut es mir vor Bühnenaufführungen.

Da kam eine alte Frau zielstrebig auf mich zu. Ich bat sie, mir den Weg nach Hause zu zeigen. Sie wies eine Straße herunter, die ich nicht kannte. Irgendwie wusste ich aber, dass die Richtung stimmte, und ging dort entlang.«

# INTERPRETATION

## WO SIND SIE?

**Das Festival ist eine vertraute Umgebung,** das Restaurant ebenfalls. Diese Orte sind Teil von Marthas Leben. Dann geht sie aus der Stadt heraus, verlässt ihren Wohlfühlbereich. Dort ist ein Theater, ein Ort, der Martha daran erinnert, dass ihr Vater sie, als sie klein war, an Orte mitnahm, die nicht für Kinder geeignet waren und an denen sie sich unwohl fühlte.

## WER KOMMT IM TRAUM VOR?

**Auf dem Festival legt sich jemand neben Martha.** Es ist ihr *Animus*, ihr männliches Selbst. Später begegnet sie einer alten Frau, in Jungs Terminologie die *Alte Weise*, die den Weg zu kennen scheint. »Zuhause« ist nicht, wo Martha lebt, nicht ihre Ehe, ihre verblasste Beziehung, die sie erdrückt. Sie sehnt sich nach einem neuen Weg, möchte ihre Kreativität entfalten und ihr wahres Selbst finden.

## WIE FÜHLEN SIE SICH?

**Martha genießt die Wärme der Sonne.** Als sie später vor dem Restaurant bemerkt, was sie getan hat, fühlt sie keine Reue. Sie findet eher, dass das Portemonnaie, in dem ihr Ausweis steckt, ihr gehört. Es ist ihre Identität! In dem ihr unbekannten Teil der Stadt fühlt sie sich zwar beunruhigt, aber entschlossen. Als sie aufwacht, ist ihr, als sei ihr eine Last von den Schultern genommen worden.

## WIE FÜHLT SICH IHR KÖRPER?

**Marthas Körper spannt sich an,** als sie an die Theaterszene in ihrem Traum denkt. Die unangenehmen Kindheitserinnerungen, die sie mit Theatern verbindet, steigen in ihr auf. Da erkennt sie plötzlich, dass ihr Ehemann John in ihr die gleichen negativen Gefühle auslöst.

## WELCHE EREIGNISSE GINGEN DIESEM TRAUM VORAUS?

**Martha und John stritten oft.** Sie wurde es müde, sein Verhalten verstehen zu wollen, hatte aber Angst davor, wie ihre erwachsenen Kinder reagieren würden, wenn sie ihren Mann verließe. Andererseits war sie entschlossen, die Ehe zu beenden.

## KÖNNEN SIE DEN TRAUM WEITERTRÄUMEN?

**Sie fragt sich, wo die Straße hinführt,** folgt ihr und wird immer aufgeregter, als sie eine Kunstschule betritt. Sie sieht sich Kunst unterrichten und liebt ihr neues Leben, in dem ihre maskuline und ihre feminine Seite wie noch nie zuvor im Einklang sind.

# »DER FERTIGE TRAUM [ERSCHEINT UNS] ALS ETWAS FREMDES.«

**SIGMUND FREUD**

*DIE TRAUMDEUTUNG*

# KLARTRÄUME

Hatten Sie schon mal das Gefühl, dass Sie in einem Traum die Regie führen und bestimmen, wie er weitergeht? Dann haben Sie einen Klartraum oder luziden Traum erlebt. Dass dies funktioniert, ist wissenschaftlich belegt, obwohl es seltsam anmutet. Wie kann jemand die Kontrolle über einen »unwillentlichen Prozess« wie den Schlaf erlangen, wie Schlafforscher Matthew Walker in seinem Buch *Das große Buch vom Schlaf* fragt. Ist es wirklich möglich, auf zwei Ebenen zu funktionieren?

Walker beschreibt, wie die Forscher im Schlaflabor gewohnheitsmäßigen Klarträumern beibrachten, im Schlaf durch vorgegebene Zeichen Hinweise zu geben. Drei Augenbewegungen nach links gefolgt von zwei Augenbewegungen nach rechts plus eine geballte Faust zeigten etwa, dass der Proband in die luzide Traumphase eintauchte. Weniger als 20 Prozent der Bevölkerung können klarträumen. Es handelt sich um eine außergewöhnliche Gabe, die uns eines Tages eine engere Verbindung zwischen unserer inneren und unserer äußeren Welt ermöglichen könnte.

### Abkürzung

Was passiert also, wenn wir klarträumen? Manchmal ist es möglich, eine Person heraufzubeschwören, von der wir Antworten möchten, und eine Unterhaltung zu beginnen. Manchmal lässt sich der Aufwachprozess umgehen und man kann schon während des Schlafs seinen Traum analysieren. Wenn Sie zu den wenigen Glücklichen gehören, die öfter klarträumen, stehen Ihnen viele kreative Möglichkeiten offen.

### Klarträumen lernen

Meditieren Sie mehrmals täglich und konzentrieren Sie sich dabei immer auf den gleichen Alltagsgegenstand. Sagen Sie sich, dass Sie von ihm träumen und ihn berühren können werden. Es erfordert viel Übung und Ausdauer zu lernen, luzide Träume bewusst herbeizuführen.

Manchen Menschen gelingt es, sich das luzide Träumen beizubringen, indem sie sich im Schlaf fragen, ob sie träumen oder nicht, und sich dann befehlen, den Traum weiterzuträumen. So skurril es klingt, dieser »Realitätstest« von Stephen LaBerge von der Stanford University, dem Gründer des The Lucidity Institute, hilft, in die Traumwelt ein- und aus ihr aufzutauchen und anhand von Indizien zu erkennen, ob man träumt. Wenn Sie Glück haben, werden Sie mit dieser Methode zu einem der Menschen, die nach eigener Aussage klarträumen können. Vielleicht erreichen Sie dabei den besonderen Grad mentaler Aktivität, der es Ihnen erlaubt zu lernen, wie man im Schlaf Probleme löst.

### FALLSTUDIE: OWEN

**Ein Geschäftsmann, dessen Gesundheit wegen seiner Arbeitswut litt,** träumte, er würde mit seinem jüngeren Selbst sprechen. Der kleine, etwa sieben Jahre alte Junge sah traurig aus. Owen, dem klar war, dass er den Traum steuern konnte und dass diese Begegnung echt war, wollte dem traurigen Kind helfen. Im Gespräch erkannte er, dass er eine junge Version von sich selbst sah, und begann noch im Traum aus Mitleid mit dem Jungen zu weinen.

»Was ist los, warum bist du so traurig?«, fragte er den kleinen Owen. Die Antwort kam prompt: »Du bist zu beschäftigt, um Spaß zu haben. Du bist es leid, dich abzuhetzen, und ich auch. Hör auf!« Das tat Owen dann auch, er nahm eine längere Auszeit. Als er zurückkehrte, trat er kürzer, um mehr Freizeit zu haben. Und endlich hatte er wieder Spaß, wie es der kleine Owen eingefordert hatte. Seine Gesundheit verbesserte sich und paradoxerweise wurde er im Beruf noch erfolgreicher.

# DAS TRAUM-VERZEICHNIS

# DER START ZU IHRER TRAUMREISE

Träume bleiben oft vage, auch wenn sie eine tiefe Bedeutung in sich tragen. Obwohl Gewissheit unmöglich ist, sind Träume elementar wichtig für diejenigen, die sie verstehen. Dieses Verzeichnis dient Ihnen als hilfreicher Ausgangspunkt für Ihre Traumreise.

Es gab Zeiten, da fanden sich in Ratgebern zur Traumdeutung erschreckend simple Ausführungen wie: »Eine schwarze Katze, die Ihren Weg kreuzt, bringt Glück.« Neue Erkenntnisse aus Psychologie, Gehirnforschung, Verhaltensforschung, Traumaforschung und sogar der Quantenphysik liefern heute einen viel breiteren Hintergrund für die Traumdeutung.

Anders als die festen Interpretationen vieler einfacher Traumverzeichnisse oder als die Suchergebnisse im Internet bietet Ihnen dieses Verzeichnis eine andere Sichtweise auf häufige Traumszenarien. Sie finden hier die häufigsten Träume, jene, die die meisten Menschen schon einmal geträumt haben. Daneben sind weniger offensichtliche Szenarien enthalten, die wichtige Botschaften transportieren und beweisen, wie hintergründig Träume sein können. Das Verzeichnis umfasst zudem Vorschläge, welche Handlungsoptionen nach einer Aufarbeitung im Raum stehen. Träume können uns entweder in unserem Tun bestätigen oder uns in eine völlig neue, glücklichere Zukunft leiten.

Wenn wir lernen, unsere auf den ersten Blick oft einfach wirkenden Träume zu verstehen, können wir durch unser Unterbewusstsein mehr über uns selbst erfahren und darüber, warum wir auf bestimmte Art handeln oder fühlen.

## Traum ist nicht gleich Traum

Bevor Sie das Traumverzeichnis nutzen, noch ein Wort der Warnung: Selbsthilfe ist oftmals unbezahlbar, aber man sollte nicht in die Falle tappen, an schlichte Lösungen zu glauben. Träume sind selten simpel gestrickt und schöpfen immer aus unserer Vergangenheit. Sie müssen alles einbeziehen, woran Sie sich erinnern, sonst ziehen Sie schnell falsche Schlüsse.

Nehmen Sie beispielsweise Meerjungfrauen. Die meisten Frauen bezaubert ein Traum von einer Meerjungfrau sicher. Hatte eine Frau aber eine Fehlgeburt, kann ein solcher Traum Angst vor Unfruchtbarkeit bedeuten. Eine Meerjungfrau hat keine Vagina, also kann sie keine Fehlgeburten haben. Diese Bedeutungsnuance mag vielen Frauen nicht bewusst sein, sie könnte aber dabei helfen, sich mit dieser Situation abzufinden.

Bevor Sie also Schlüsse aus Ihren Träumen ziehen, sollten Sie bedenken, dass die Hintergründe vielschichtig sind. Erscheint etwas oder jemand in einem einfachen Szenario unnormal, hat dies normalerweise eine Bedeutung. Welche Erinnerungen, Gefühle oder andere Bezüge fallen Ihnen dazu ein? Ihre Assoziationen könnten der Schlüssel zu der Lösung sein, nach der Sie suchen.

# EIN ALTER MENSCH

Alter steht für Wissen und Weisheit. Es kann aber ebenso Entschleunigung und den Ausstieg aus der rasanten Welt der jüngeren Generation bedeuten. Alte Menschen haben viel Erfahrung und oft viel zu bieten. Wenn sie im Traum erscheinen, sind ihre Gaben oft wichtig und bedeutsam.

## EIN FREUNDLICHES UND WEISES GESICHT

Der freundliche und weise alte Mensch scheint Ihnen den Weg zu weisen. Er oder sie könnte Ihr archetypisches weises Selbst sein: Ein Mann ist ein Senex oder Weiser, eine Frau ist die weise Alte. Ungeachtet des Geschlechts sind diese Personen da, um Sie anzuleiten.

**Aktion** Was passiert gerade in Ihrem Leben, bei dem Sie eine gütig leitende Hand benötigen? Stehen Sie vor einer Veränderung? Gibt es dabei ein Risiko? Benötigen Sie einen sanften Schubs, um die Idee umzusetzen oder zu verwerfen?

## ALTER MENSCH MIT GEHSTOCK

Der alte Mensch geht am Stock, er wirkt gebrechlich. Das könnte eine Metapher dafür sein, dass Sie nicht in der Lage sind, Ihre aktuelle Situation leicht zu durchschreiten.

**Aktion** Untersuchen Sie, was Sie im Leben ausbremst – emotional, intellektuell oder sogar körperlich (das würde auf eine Erschöpfung hindeuten). Sind Sie überarbeitet? Feiern Sie zu viel? Beachten Sie die Metapher. Will sie Ihnen sagen, dass Sie kürzertreten sollen?

## EIN FALTIGES GESICHT

Gesichtsfalten stehen nicht nur für das fortgeschrittene Alter, sondern auch für die psychologischen Belastungen durch ein stresserfülltes Leben. Ihr Vorhandensein weist auf ein schweres Leben hin. Wenn die Umstände mit Leiden verbunden sind, steht der Traum für Ihre schwierige Lebenserfahrung.

**Aktion** Wenn Sie ausschließen können, dass das Gesicht auf natürliche Weise verwittert ist, könnte Ihr Traum Sie in schwierigen Zeiten trösten wollen. Wenn es einen Weg aus diesem Stress heraus gibt, schlagen Sie ihn ein.

## DER MENSCH ERINNERT AN EINEN VERWANDTEN

Alte Verwandte – vielleicht Eltern, Groß-
eltern oder ein Onkel oder eine Tante –
erscheinen unerwartet im Traum in einer
typischen oder ungewöhnlichen Szene
und erinnern Sie an die Eigenschaften,
die sie ausmachen.

**Aktion** Sind diese Eigenschaft gut oder
schlecht? Ihre Psyche möchte Ihnen
vielleicht mitteilen, wie Sie Ihr Verhalten
oder Ihre Haltung gegenüber anderen
verändern sollten. Diese Menschen
haben Ihre Gene: Wie können Sie deren
gute Eigenschaften kopieren oder die
nicht so guten verbessern?

## SIE SELBST SIND ALT

Eine Traumgruppe alter Menschen heißt
Sie in ihrer Mitte willkommen. Sie sind
ihnen gleichgestellt und nicht mehr jung,
aber das beunruhigt Sie nicht.

**Aktion** Wir sind uns unserer Ängste
nicht immer voll bewusst. Altwerden
gehört dazu. Das Alter birgt viele
beängstigende Möglichkeiten und Ver-
luste. Aber Sie dürfen nicht vergessen,
dass es auch positive Seiten hat:
Ermutigen Sie sich selbst, das Alter
als etwas Gutes zu sehen.

# UNTREUER PARTNER

Betrug ist niemals schön. In allen Beziehungen droht die Gefahr (möglicherweise auch nicht), hintergangen zu werden, ungeachtet dessen, wie glücklich ein Paar miteinander ist. Vielleicht passiert auch gar nichts, aber man kann sich nie wirklich sicher sein.

## SIE WOLLEN RACHE

Ihr Partner ist auf die eine oder andere Weise untreu geworden und Sie möchten ihn erdolchen. Sie sind zornig und wollen Vergeltung. Aber möglicherweise geht es Ihnen gar nicht um Strafe, vielleicht sind Sie ja sich selbst – höchstwahrscheinlich Ihrem Ego – gegenüber untreu.

**Aktion** Erkennen Sie, dass Sie sich selbst irgendwie betrügen, eventuell indem Sie Warnzeichen von Freunden und Familie ignorieren. Untersuchen Sie alle Lebensbereiche, ob Sie sich wirklich authentisch verhalten.

## SIE SIND EIFERSÜCHTIG

Sie sehen Ihren Partner mit jemand anderem und sind neidisch. Was berührt Sie an der anderen Person besonders stark? Sind es unattraktive Eigenschaften und das Interesse Ihres Partners überrascht Sie? Könnte hier Ihr Schatten am Werk sein – die verborgenen Teile, die Sie schamvoll ins Unbewusste verbannt haben?

**Aktion** Begrüßen Sie Ihre Schattenseite, bringen Sie sie ans Licht und überlegen Sie, ob das, was Sie abstößt, Ihrem Partner gefallen könnte. Sie müssen sich Ihren Ängsten stellen und sie mit Ihrem Partner besprechen.

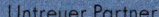

## IHR VERTRAUEN WURDE MISSBRAUCHT

Ihr Partner ist untreu geworden und Sie können ihm nicht mehr vertrauen. Der Traum beunruhigt Sie und das, was Sie gesehen haben, ist schwer zu ertragen. Sie sind entsetzt und zutiefst verängstigt. Wenn Sie aufwachen, wirkt das Ganze wie ein Albtraum, der mit Ihren tiefsten Ängsten spielt, Ihr Partner könnte eines Tages untreu werden.

**Aktion** Akzeptieren Sie, dass Sie diese Sorgen haben, und behalten Sie sie für sich, wenn es in der Realität keine Anzeichen für Untreue gibt. Vertrauen Sie Ihrem Partner. Das ist ein Geschenk, das Sie in die Beziehung geben und das für Stabilität sorgt. Respektieren Sie seine Ehrlichkeit und stellen Sie sie nicht infrage.

## SIE SIND SELBST UNTREU

Sie träumen von einem aufregenden Treffen mit einem neuen Liebhaber, es ist schön und sexuell erfüllend. Sie wünschten, die Begegnung würde nie aufhören, und wollen gar nicht aufwachen. Ihr Traumpartner hat eine starke Anziehungskraft – sie wollen mehr! Der Sex war fantastisch und vielleicht kommt die Realität da nicht ganz heran.

**Aktion** Akzeptieren Sie, dass der Traum Ihnen gefallen hat, und seien Sie froh, dass es nur ein Traum war. Betrachten Sie auch Ihre reale Beziehung und fragen Sie sich selbst, was Sie dazu beitragen können, um das, was Sie im Hier und Jetzt haben, schöner zu machen.

# SCHWANGER-SCHAFT

Schwangerschaft bedeutet Frucht-barkeit und ein neues Leben. Sie löst aber nicht immer ungetrübte Freude aus. Vielleicht ist das Baby nicht will-kommen. Vielleicht haben Sie es aber auch herbeigesehnt. Träume um eine Schwangerschaft stehen in jedem Fall für Veränderung.

## SIE SEHEN EINE SCHWANGERE

Eine schwangere Frau kommt auf Sie zu. Empfinden Sie bei ihrem Anblick Neid oder eine andere Emotion? Wenn Sie bereits selbst Erfahrung mit Schwangerschaft oder einer schwangeren Partnerin hatten, könnte es sein, dass Sie diese Zeit im Traum erneut durchle-ben. Die Frage ist: Warum gerade jetzt?

**Aktion** Analysieren Sie Ihre Gefühle in Bezug auf die Schwangere im Traum. Haben sie, egal, ob Sie neidisch sind oder erleichtert, etwas mit Ihnen selbst zu tun? Wenn der Anblick viele reflektierende Gedanken auslöst, dann suchen Sie sich jemanden, mit dem Sie darüber sprechen können.

## SIE SIND SCHWANGER

Sie sind im Traum unerwartet schwanger – ja, das gilt auch für Männer – und freuen sich sehr darauf, ein neues Leben in diese Welt zu bringen.

**Aktion** Schwangerschaft als Metapher steht für Kreativität, das deutet auf neues Leben im weitesten Sinne hin. Werden Sie selber kreativ. Wollten Sie schon immer ein Buch schreiben oder ein Projekt ent-wickeln? Bei der Schwangerschaft geht es um Empfängnis und Niederkunft: Seien Sie also geduldig und warten Sie die Resultate ab.

## SIE **SIND DAS BABY IM MUTTERLEIB**

Manchmal kann eine Schwangere im Traum ein Zeichen geben, dass Sie einen neuen Teil von sich zur Welt bringen. Das geschieht häufig in Therapiesitzungen, ist aber nicht darauf beschränkt. Dieser Teil von Ihnen ist jetzt von einem viel versprechenden neuen Sein erfüllt, das Sie unter Umständen selbstbewusster macht.

**Aktion** Planen Sie Ihren Weg zu mehr Selbstsicherheit und Selbstbewusstsein oder einer anderen ersehnten Eigenschaft. Der Versuch, Ihr Alltagsverhalten zu verändern, ist ein kreativer Schritt, der bewusst dem Tipp des Unbewussten folgt, dass es Zeit wird, einen bisher verborgenen Aspekt Ihres Selbst zum Vorschein zu bringen.

## KEINE **JUNGFRAU MEHR**

Eine Schwangere hat per Definition ihre Jungfräulichkeit verloren. Was bedeutet das? Wenn wir »Jungfräulichkeit« als Metapher verstehen, könnte der Traum einen Verlust der Unschuld anzeigen. Vielleicht muss der Träumende sich dem Umstand stellen, dass Erwachsensein ein reifes, kluges Verhalten bedeutet. Die Zeit kindlicher Unbekümmertheit ist vorbei.

**Aktion** Finden Sie heraus, was Sie davon abhält, psychologisch erwachsen zu werden. Ob Sie nun Jungfrau sind oder nicht, Ihre Psyche zeigt an, dass Sie darüber nachdenken müssen, was es heißt, ein erwachsener Mensch zu sein.

# EIN EHEMA-LIGER LIEBES-PARTNER

Dieser Traum hat oft mit Nostalgie zu tun, dem Verlangen nach verlorenen Freuden. Wollen Sie den Menschen wiederfinden oder sind Sie froh, dass die Beziehung vorbei ist? Etwas erinnert Sie an die gemeinsame Zeit. Wie lautet die Botschaft?

## DIE FRÜHERE LIEBE WEICHT AUS

Sie suchen nach einer früheren Liebe, kommen der betreffenden Person aber nie nah. Er oder sie bewegt sich in einer Gruppe von Ihnen weg. Sie rufen und laufen ihr nach, können sie aber nicht einholen.

**Aktion** Warnt Ihre Psyche Sie davor, Kontakt mit der Person aufzunehmen ? Hören Sie auf, im Traum nach einem Treffen zu streben, das möglicherweise keine Zukunft hat. Wenn dieser Mensch Sie finden will, warten Sie auf sein Zeichen.

## SIE WINKEN ZUM ABSCHIED

Abschiedsszenen könnten bedeuten, dass Sie sich verabschiedet haben, bevor die Beziehung beendet war. Hier kommen Gefühle des Bedauerns und des Unbehagens ins Spiel und könnten darauf hindeuten, dass Sie und Ihr Partner unnötig gelitten haben.

**Aktion** Wenn es noch nicht zu spät ist, nehmen Sie Kontakt mit dem oder der Ex auf und sprechen Sie miteinander. Dabei können Sie Missverständnisse klären, Wunden heilen lassen und vielleicht sogar wieder zusammenfinden. Lassen Sie aber bei einer ablehnenden Reaktion los. Dann ist nichts mehr zu kitten.

## SIE SUCHEN NACH JEMANDEM, UM SICH GANZ ZU FÜHLEN

Eine Frau, die sich nach einem Liebhaber sehnt, sucht vielleicht in Wahrheit nach ihrem Animus, ihrer maskulinen Hälfte. Hat ein starker, dominanter Teil Ihrer Persönlichkeit hinter femininem Verhalten zurückstehen müssen? Ein Mann sucht eventuell nach seiner Anima, seiner sanfteren, empathischen Seite, um ins Gleichgewicht zu kommen.

**Aktion** Hinterfragen Sie sich selbst. Vielleicht suchen Sie nach dem Teil, der Sie ein vollständiges Leben leben lässt. Diese Balance ist wichtig für die Psyche.

## SIE SIND WÜTEND

Sie sind im Traum wieder in einer früheren negativen Beziehung, in der Sie keinen Frieden gefunden haben. Sie wachen zornig auf. Selbst, wenn das Geschehene weit zurückliegt und Sie sich längst getrennt haben, dauern die negativen Gefühle an.

**Aktion** Sie waren in einer Situation gefangen, in der Sie weniger Kontrolle als heute hatten. Doch heute, nach dem Ende dieser schlechten Beziehung können Sie Ihre eigenen Entscheidungen treffen.

## SIE SIND TRAURIG, DASS ES VORBEI IST

Sie durchleben im Traum das Ende der Beziehung erneut. Sie finden keinen Weg zurück zu Ihrem Ex-Partner, fühlen sich wehmütig und empfinden Reue. Dieser Traum spricht für eine vergebene Chance.

**Aktion** Dies ist Ihre Chance, die Trennung zu reflektieren. Wenn Sie eine schöne Beziehung gedankenlos beendet haben, überdenken Sie Ihr Verhalten und Ihren Anteil am Ende. Waren Sie eventuell zu selbstsüchtig?

# JEMAND SINGT

Gesang im Traum kann Träumenden Trost, Freude oder Spaß bringen. Manchmal kennen wir den Sänger oder die Sängerin; meist handelt es sich nicht um eine berühmte Person, sondern um einen Bekannten. Das Lied kann einen bedeutsamen Text haben oder schöne Erinnerungen wecken.

## SIE ERKENNEN DIE STIMME

Im Traum singt eine Ihnen bekannte Person über ihre Gefühle Ihnen gegenüber – oder wie Sie es gerne hätten, dass sie fühlt! Möglicherweise ist hier der Wunsch Vater des unbewussten Gedankens.

**Aktion** Versuchen Sie, einige der Worte zu verstehen. In Popsongs oder klassischen Liedern gibt es eine Fülle liebevoller Passagen. Achten Sie auf die Botschaft und sprechen Sie mit dem Singenden darüber, wenn Sie ihn oder sie kennen.

## DER TEXT IST VERTRAUT

Sie erkennen, wer singt, aber kennen Sie auch den Text? Was empfinden Sie, wenn Sie beim Aufwachen die Melodie noch im Ohr haben? Vielleicht steckt darin eine überraschende Aussage oder ein klarer Hinweis auf etwas, dass Ihre Psyche beschäftigt.

**Aktion** Wenn Sie das Lied erkennen, suchen Sie den Text im Internet. Sie können viel dabei lernen. Reflektieren Sie, was die ausgedrückten Gefühle bedeuten: Fordern sie Sie zu einem Umdenken auf? Ihre Psyche hat möglicherweise eine gute Möglichkeit gefunden, mit Ihnen über Lieder zu kommunizieren.

## DAS LIED KLINGT TRAURIG

Sie träumen eine traurige Melodie. Da es hier um Kommunikation geht, könnte die Traumbotschaft von einem missmutigen Teil Ihres Selbst handeln. Waren Sie in letzter Zeit niedergeschlagen? Erkennen Sie jemanden, der traurig ist, und der Traum steht für Ihr Mitgefühl?

**Aktion** Sobald Sie wissen, wer traurig ist, können Sie sich selbst oder der anderen Person helfen. Das Annehmen von Schmerz oder Verzweiflung allein kann schon helfen. Reden Sie mit jemandem darüber.

## DIE MELODIE BRINGT IHNEN FREUDE

Sie hören im Traum eine fröhliche Melodie. Das erinnert Sie an den Klang der Liebe und an schöne vergangene Zeiten. Der Traum bedeutet eine schöne Verbindung zu Ihrer Innenwelt.

**Aktion** Ist Ihnen der Sänger oder die Sängerin unbekannt, ist die Melodie wohl eine Botschaft über Freude und Chancen. Chormusik ist in ihren besten Momenten ein spirituelles Geschenk. Nehmen Sie es sich zu Herzen.

## SIE SELBST SINGEN

Sie singen aus voller Brust. Die Stimme, die Sie hören, ist Ihre eigene und der Sänger ist ein kreativer, musikalischer Teil von Ihnen. War Ihnen jüngst nicht nach Singen? Der Traum sagt Ihnen, dass Sie diesen Mangel in Ihrem Leben beheben sollten.

**Aktion** Akzeptieren Sie Ihre Empfindungen und dass es Ihnen gerade schwerfällt, unbeschwert zu sein. Singen oder summen Sie unter der Dusche oder suchen Sie sich Gleichgesinnte. Das wird Ihnen und Ihrer Psyche guttun.

# LIEBEVOLLE KÜSSE

Küssen ist ein instinktives Bedürfnis, die menschliche Variante der Begrüßung, mit der Tiere ihren Nachwuchs willkommen heißen. Es geht dabei um Beziehung und Zugewandtheit. Dieses Thema tritt häufig in Träumen auf: das Urverlangen nach gegenseitiger Zuneigung und Akzeptanz.

## SIE KÜSSEN IHR IMAGINÄRES KIND

Sie träumen davon, ein liebevoller Elternteil zu sein, können aber aus irgendwelchen Gründen keine eigenen Kinder haben. Sie realisieren, dass Sie deshalb trauern, während Sie dieses kleine, weiche Wesen küssen. Das Kind sieht aus wie Sie!

**Aktion** Das Kind könnte tatsächlich Sie sein oder vielleicht die kleine Person, die Sie einst waren, und die sich immer noch nach Zuneigung sehnt. Holen Sie sich mehr davon bei Ihren Nächsten. Seien Sie ein liebevoller Elternteil, tun Sie schöne Dinge und treffen Sie sich mit Freunden. Knuddeln Sie ein Kissen, als wäre es ein jüngerer Teil Ihres Selbst. Das kann sehr tröstlich sein.

## SIE KÜSSEN EIN TIER

Sie treffen im Traum ein freundliches Tier und empfinden eine starke Zuneigung. Es scheint Sie kennenlernen zu wollen und Ihre Anerkennung zu suchen. Sie küssen sein Fell – es erinnert Sie an Kindertage oder Ihr plüschiges Lieblingstier, das sie als Kind hatten. Sie wachen entspannt und glücklich auf.

**Aktion** Wenn Ihr Leben letztlich etwas schwierig war, reflektieren Sie den Zauber dieses Traums. Ihre Psyche hat Sie zu früheren Zeiten zurückgeführt, als Natur, Tiere und Spielzeug für beruhigende Stabilität standen. Seien Sie dankbar für den Traum vom Tier, das für einen Teil von Ihnen steht, den Sie geliebt haben. Suchen Sie nach Wegen, diese Gefühle wieder zu erleben. Finden Sie das Schöne im Erwachsenenleben.

## SIE WERDEN GEKÜSST

In einem für Sie unangenehmen Traum kommt eine Person vor, die Sie küssen will und Ihnen ihre Liebe erklärt. Sie werden von ihr geküsst und fühlen sich machtlos. Wiederholt sich hier ein Missbrauch aus Ihrer Kindheit oder eine Situation, in der Sie etwas Schlimmes für sich oder einen geliebten Menschen befürchteten?

**Aktion** Wenn es eine Wiederholung war, erinnern Sie sich an diesen Missbrauch. Verstehen Sie den Traum als Aufforderung, sich Hilfe zu suchen. Vielleicht ist es auch völlig harmlos und Sie werden einfach nicht gerne geküsst. Wenn Sie den anderen ansonsten mögen, sprechen Sie über Ihre Empfindungen.

## SIE KÜSSEN EINE ALTE FLAMME

Sie küssen eine alte Liebe unter ungewöhnlichen Umständen. Er oder sie tritt an Sie heran und küsst Sie verwirrenderweise auf die Stirn, statt auf die Lippen. So erinnern Sie sich gar nicht an diesen Menschen.

**Aktion** Haben die Umstände eine Bedeutung für Sie, dann will Ihnen Ihre alte Flamme eine andere Art von Liebe zeigen. Was früher eine stark erotische Beziehung war, ist abgekühlt. Genießen Sie also die Erinnerung und akzeptieren Sie, dass es vorbei ist.

» KÖNNEN TRÄUME ALSO
DAS LEBEN VERÄNDERN?
SELBSTVERSTÄNDLICH! «

**STANLEY KRIPPNER**

*DREAMS THAT CHANGE OUR LIVES*, FREI ÜBERSETZT

# IHRE ELTERN

Jeder, der sich mit dem Werk Sigmund Freuds befasst hat, weiß, dass ihm der Ödipuskomplex wichtig war: Kleine Jungen müssen den Drang überwinden, ihren Vater zu töten und ihre Mutter zu heiraten, bei kleinen Mädchen ist es anders herum. Diese teilweise überkommene Theorie hat prinzipiell Bestand und unsere Träume sind ein Beleg dafür. Ein anderer Aspekt menschlicher Beziehungen, formuliert in John Bowlbys Bindungstheorie, zieht sich ebenfalls durch unsere Träume und zeigt wie sehr wir von der Nähe unserer Eltern abhängig waren.

## SIE TRÄUMEN VON SEX MIT EINEM ELTERNTEIL

Meist haben Kinder diesen Traum, die noch gar kein Bewusstsein von Sex haben. Ihr wachsendes Gefühl der Verbundenheit und zunehmende körperliche Gefühle können aber sexuell getriebene Träume verursachen. Bei Erwachsenen kann ein solcher Traum beunruhigend sein. Es gibt aber nichts zu befürchten.

**Aktion** Dieser Traum ist ein Echo des Ödipuskomplexes. Betrachten Sie sich selbst: Vermissen Sie einen Elternteil, wissen aber nicht, wie Sie wieder Verbindung aufnehmen sollen? Mit vier bis sieben Jahren haben Sie vermutlich sexuell aufgeladene Träume als Vorboten erwachsener Sexualität erlebt. Wenn Ihre Eltern Sie nicht durch diese Phase leiten konnten, indem sie strikte Schlafzimmerregeln einhielten, während sich Ihr Selbstwertgefühl entwickelte, akzeptieren Sie dies und blicken Sie nach vorn.

## SIE WOLLEN WIEDER EIN KIND SEIN

Sie sind mit Ihren Eltern bei einem Familienfest. Es macht Freude und Sie vergnügen sich, lachen und spaßen mit den anderen. Ihre ganze Familie scheint so besonders – Sie sind im Traum glücklich.

**Aktion** Dieser Traum ist völlig in Ordnung, wer möchte nicht so etwas Schönes träumen? Erwachsensein ist manchmal hart. Wenn Sie schöne Kindheitserinnerungen haben, gönnen Sie sich diese Ausflüge in die Vergangenheit. Ein solcher Traum kann Ihnen in Ihrem Erwachsenenleben einen positiven Schub geben. Wenn der Traum häufiger auftritt, haben Sie vielleicht ein ungesundes Verlangen nach dieser Zeit und benötigen eventuell therapeutische Hilfe.

## SIE LIEBEN DIE ZUNEIGUNG IHRER ELTERN

Sie liegen mit einer harmlosen Krankheit im Bett und Vater oder Mutter bringen Ihnen liebevoll eine Wärmflasche oder Ihre Lieblingsmagazine. Sie fühlen sich so geborgen und wunderbar umsorgt, dass Sie hoffen, dass Ihre Eltern bei Ihnen bleiben, bis es Ihnen wieder besser geht – und darüber hinaus. Sie lieben sie so sehr, alles ist einfach perfekt. Es soll niemals enden.

**Aktion** Dieses Szenario belegt, dass Sie sich noch nicht wirklich von Vater oder Mutter abgenabelt haben. Sie müssen sich eingestehen, dass Sie Ihren eigenen Weg gehen müssen. Die psychologische Reifung ist ein langer und schmerzvoller Weg, aber Sie ahnen, dass Sie selbstständig werden müssen. Sie werden die Liebe Ihrer Eltern niemals verlieren.

# GEISTER

Geister haben ihren Ursprung in unseren Kinderängsten, manche bringen sie auch mit Kraftlinien oder unterirdischen Flüssen in Verbindung. In jedem Fall befreit die Energie ein gefangenes Signal. Geistersichtungen scheinen mit emotional aufgeladenen Szenen zusammenzuhängen. Intensive Gefühle sind vor allem bei Träumen immer der Schlüssel zum Verständnis.

## EIN GEIST VERFOLGT SIE

Erschreckt Sie ein Geist im Traum? Erscheint er häufig und sieht immer gleich aus? Ein Traumgeist könnte Ihre Aufmerksamkeit auf die Vergangenheit lenken wollen. Vielleicht haben Sie das Gefühl, er möchte Ihnen etwas sagen oder zeigen, aber Sie verstehen nicht, was er von Ihnen will.

**Aktion** Der Geist ist ein Teil Ihres Selbst. Sein wiederholtes Auftreten bedeutet, dass Sie einen Aspekt oder ein Verhalten Ihres Selbst nicht angenommen haben. Haben Sie etwas getan, dessen Sie sich schämen? Stellen Sie sich der Herausforderung: Ihre Psyche will Sie anleiten und tut dies in einer Weise, die Sie zu einer Veränderung führen kann.

## EIN GEISTERHAFT VERTRAUTES GESICHT

Im Traum erscheint Ihnen eine alte Freundin, ein alter Liebhaber oder ein Familienmitglied. Die Person ist längst verstorben, aber nun steht sie geisterhaft vor Ihnen und Sie freuen sich. Sie sind verwirrt: Wie kann der Mensch zurückkehren und mit Ihnen Kontakt aufnehmen? Aber es ist alles nur ein Traum und nicht real. Sie wachen auf und sind traurig, dass Sie den Kontakt nicht fortsetzen können.

**Aktion** Sie trauern noch um den geliebten Menschen. Was vergangen ist, ist unwiederbringlich, das müssen Sie akzeptieren. Trösten Sie sich damit, dass Ihre schöne Verbindung zu dieser Person unauslöschlich ist.

## EIN GEIST SCHREITET DURCH EINE WAND

Im Traum sehen Sie einen Geist, der durch eine dicke Wand geht, als wäre sie nicht vorhanden. Grenzen sind wichtig im Leben, sonst herrscht Chaos. Der Geist kümmert sich nicht um Grenzen wie eine Wand – und das zeigt, wie Sie sich im Alltag verhalten.

**Aktion** Spiegelt der Geist Ihre eigene Einstellung? Respektieren Sie Grenzen nicht und verletzen psychologisch den privaten Raum anderer Menschen oder mischen Sie sich in deren Leben ein? Seien Sie ehrlich. Vielleicht haben Sie den Wert von Grenzen nie erfahren und jetzt verlangt Ihr Unterbewusstsein, dass Sie sie anerkennen. Achten Sie auf die Reaktionen anderer, um ein wesentlich ehrlicherer, verlässlicherer Mensch zu werden. Und noch wichtiger: jemand, mit dem andere sich unbewusst sicher fühlen.

# TOTE

Der Gedanke an tote Menschen mag unangenehm sein, aber wir werden nun mal geboren und sterben. Der Tod kann den Anfang eines neuen Lebens markieren, in das wir gehen, wie ein Neugeborenes, das sich mit der Zeit wandelt. Träume handeln oft von dem Konzept der Veränderung.

## SIE ENTDECKEN EINEN BEKANNTEN UNTER ANDEREN TOTEN

Eine Schlacht ist geschlagen und das Feld mit blutüberströmten Toten übersät. Sie haben keine Ahnung, wer diese Menschen sind. Dann plötzlich erkennen Sie einen der Toten. Es ist Ihre geliebte Partnerin oder ein enger Freund. Was bedeutet dieser Traumtod für Sie?

**Aktion** Ob es sich nun um eine hellsichtige Metapher für das Ende einer Beziehung zu einem nahen Menschen oder um Ihr eigenes Unbehagen in dieser Beziehung handelt, das Thema ist auf jeden Fall ein Ende. Ein einst lebhafter und lebendiger Mensch ist nicht mehr. Akzeptieren Sie den Tod der Beziehung, setzen Sie den Grabstein und blicken Sie nach vorne.

## SIE BEERDIGEN EINEN TOTEN

Jemand ist gestorben und Sie graben ein tiefes Loch. Ein Toter muss bestattet werden und es fällt Ihnen zu, ihn in das schlammige Grab zu legen und mit Erde zu bedecken. Das ist eine unangenehme und einsame Aufgabe, die Sie willig erfüllen, als wüssten Sie irgendwie, dass es so richtig ist.

**Aktion** Folgt man Jung, hat eine solche Beerdigung tiefere Bedeutung: Ihr innerer Held, der Teil Ihrer Persönlichkeit, der einfach helfen muss, kommt hier zum Vorschein. Er ist erschöpft und es wird höchste Zeit, ihn loszuwerden, um wieder ein ruhigeres Leben führen zu können. Danken Sie Ihrer Psyche für den Hinweis und hören Sie auf, alle und jeden retten zu wollen.

## FALLSTUDIE: ANNE

Monate, bevor bei ihrem Ehemann Isaac eine Motoneuron-Krankheit diagnostiziert wurde, hatte Anne einen lebhaften Traum über ihn: Er legte einen bemalten Panzer ab, der wie ein normal gekleideter Mensch aussah. Darunter befand sich sein lebloser Körper ohne Muskeln und Struktur, den er über eine Stuhllehne hängte. Anne schrieb diesen Traum auf, sie konnte ihn aber nicht entschlüsseln. Nach seiner Diagnose verlor Isaac immer mehr die Kontrolle über seine Muskeln. An seinem Todestag sah er aus wie der Mann in Annes Traum.

Sie fand ein Tagebuch, das Isaac heimlich in den letzten 30 Jahren geführt hatte. Darin beschrieb er außereheliche Affären, von denen Anne nichts ahnte. Er bezeichnete sich selbst als psychologisch »muskellos«, »schwach« und »gelähmt«.

Diese Enthüllungen veränderten ihr Leben. Immer hatte er ihr das Gefühl gegeben, dass sie an seinem Unglück schuld sei. Unfähig, eine ehrliche, liebevolle Beziehung zu führen, trat nun seine nicht erkannte psychische Störung zutage. Endlich verstand Anne die Ursache ihres Leids. Die klare Bildersprache dieses vorausahnenden Traums half ihr jetzt, mit Ärger und Trauer zurechtzukommen.

# TERRORISTEN

Terrorismus ist ein globales Thema, Zeitungen und Nachrichten berichten jeden Tag darüber. Zornige Männer und Frauen, die aus Verachtung oder Hass zur Waffe greifen, ängstigen die Menschen. Wenn wir dies als Metapher nehmen, zeigt sich, dass Brutalität einen Platz in unserer Innenwelt hat.

## SIE TRÄUMEN VON TERRORANSCHLÄGEN

Sie träumen vom Terror, überall herrscht Panik, Menschen schreien und fliehen vor der Gefahr. Offenbar sind Bewaffnete hinter ihnen her. Sind Sie auch ein Ziel? Wo sind Sie? Verstehen Sie das Motiv für den Zorn?

**Aktion** Betrachten Sie den Traum als Metapher und die Terroristen als emotionalen Antrieb. Was sagt das über Ihr Leben aus? Wenn Chefin, Partner oder Verwandte wirken, als wollten sie zur Waffe greifen, nehmen Sie deren Sicht ein. Würde es Ihnen helfen, mit ihm oder ihr über Ihre Gefühle zu sprechen?

## SIE SIND EIN TERRORIST

Menschen zu töten ist falsch, das weiß auch Ihr bewusster Verstand – aber unbewusst gelten andere Regeln. Sie erlauben sich einen Amoklauf, um Ihre Feinde loszuwerden. Dieser Traum reflektiert Ihre inakzeptablen wahren Gefühle gegenüber schlechten Menschen, sodass Sie sie im Traum befriedigt auslöschen können.

**Aktion** Akzeptieren Sie, dass Sie gelegentlich Gewaltfantasien hegen. Sie möchten Leute, die Sie nerven oder ängstigen, nicht töten. Schließlich machen Terroristen ein politisches Statement, wenn Worte nicht mehr ausreichen. Suchen Sie also gleich den Dialog, das kann nicht schaden.

## SIE WOLLEN ZERSTÖREN UND CHAOS ANRICHTEN

Sie befinden sich schwer bewaffnet an einem unbekannten Ort. Ihr einziger Gedanke ist, alles um sich herum zu zerstören und zu verwüsten, ganz wie ein Terrorist. Sie töten auch, aber das befriedigt Sie nicht.

**Aktion** Es gibt einen Teil Ihres Selbst, den Sie zerstören wollen, weil Sie nicht mögen, was er Ihnen und anderen antut. Schließen Sie Frieden mit ihm: Vielleicht hat er zu lange im Schatten gestanden und braucht Ihre Hilfe, um ins Licht zu gelangen.

## EIN OPFER WIRD ZUM VERFOLGER

Im Traum fügen Verbrecher einem hilflosen Opfer gnadenlos Schmerzen zu. Während Sie noch zusehen, befreit sich das Opfer, flieht und bringt sich in Sicherheit. Es findet irgendwie eine Waffe und das ehemalige Opfer wendet sich gegen die Täter. Plötzlich sind die Rollen vertauscht!

**Aktion** Ja, das sieht wie ein klassischer Rachetraum aus, in dem das Opfer sich endlich rächen kann. Es handelt sich um einen Wunschtraum, der Ihre geheimen Rachepläne ausspielt, aber ist das wirklich der richtige Weg? Nehmen Sie lieber Ihren Mut zusammen und werden Sie nicht zum Rächer, sondern zu einem Vermittler.

# MENSCHEN RETTEN

Ein Held zu sein ist maskulines, also Animus-Territorium, das zu unserer psychologischen Gestalt gehört. Manche retten andere auch, obwohl das gar nicht nötig wäre. Hinterfragen Sie sich: Schmeichelt es Ihrem Ego, andere zu retten, um sich gut zu fühlen?

## SIE RETTEN EIN KIND

Im Traum sehen Sie Kinder, die sich in Gefahr begeben. Ein Kind ist besonders gefährdet. Sie zögern und warten, ob die Eltern eingreifen, aber dann stürmen Sie voran, um das Kind vor der vermeintlichen Gefahr zu retten.

**Aktion** Ihr träumendes Selbst hat es richtig gemacht: Vielleicht erinnert es Sie an ein eigenes Kindheitserlebnis. Jetzt, da Sie nicht mehr hilflos sind, übernehmen Sie die Verantwortung.

## EIN **FEUER BEDROHT ALLE**

Ein Brand gefährdet Menschen und Sie eilen ihnen zu Hilfe. Sie fühlen sich verpflichtet, etwas zu tun, und malen sich bereits die Dankbarkeit der anderen aus. Die Feuerwehr trifft ein und die Feuerwehrleute machen sich ans Werk, während Sie frustriert zusehen, weil Sie nicht mithelfen können.

**Aktion** Machen Sie sich bewusst, wie sehr es Ihnen ein Bedürfnis ist, immer wieder zu helfen, selbst wenn es gerade nicht angemessen ist. Lassen auch mal andere die Last tragen.

## IHR **HAUS BRENNT**

Sie schauen hilflos zu, wie Ihr Haus niederbrennt. Keiner eilt zu Hilfe, Ihre Unabhängigkeit und Ihren Kampfgeist haben Sie verloren. Nach und nach wird alles ein Raub der Flammen und Sie sind verzweifelt, weil Sie nie wieder ein gemütliches Heim haben werden.

**Aktion** Sie selbst sind das brennende Haus. Vielleicht leiden Sie an einem Burnout, brauchen Hilfe und Ruhe. Man kann nicht immer alle und alles retten und Ihre erschöpfte Psyche will, dass Sie innehalten. Nehmen Sie nach Möglichkeit eine Auszeit, tun Sie sich etwas Gutes oder treten Sie zumindest kürzer.

## EIN **RITTER GALOPPIERT HERBEI**

Das ist kitschig, aber der märchenhafte Retter kommt oft in Träumen vor, wenn man im Leben Hilfe braucht. Statt Ihre Probleme selbst zu lösen, wünschen Sie sich, dass der archetypische Held auf seinem weißen Ross herbeieilt und Sie rettet.

**Aktion** Seien Sie Ihr eigener tapferer Ritter! Sie brauchen kein weißes Ross, gehen Sie einfach das Problem an und sprechen Sie mit der richtigen Person. Wenn Sie auf Ihre Psyche hören, werden Sie eine Lösung finden.

# VERANTWOR-TUNG FÜR ANDERE

Die Verantwortung für andere zu übernehmen kann eine schwere Last sein,
aber oft muss sie gar nicht so schwer
wiegen. Sich verantwortlich zu fühlen
ist etwas anderes, als verantwortlich
zu sein: Im ersten Fall haben Sie die
Wahl, im zweiten oft nicht. Träume
können helfen, das zu realisieren.

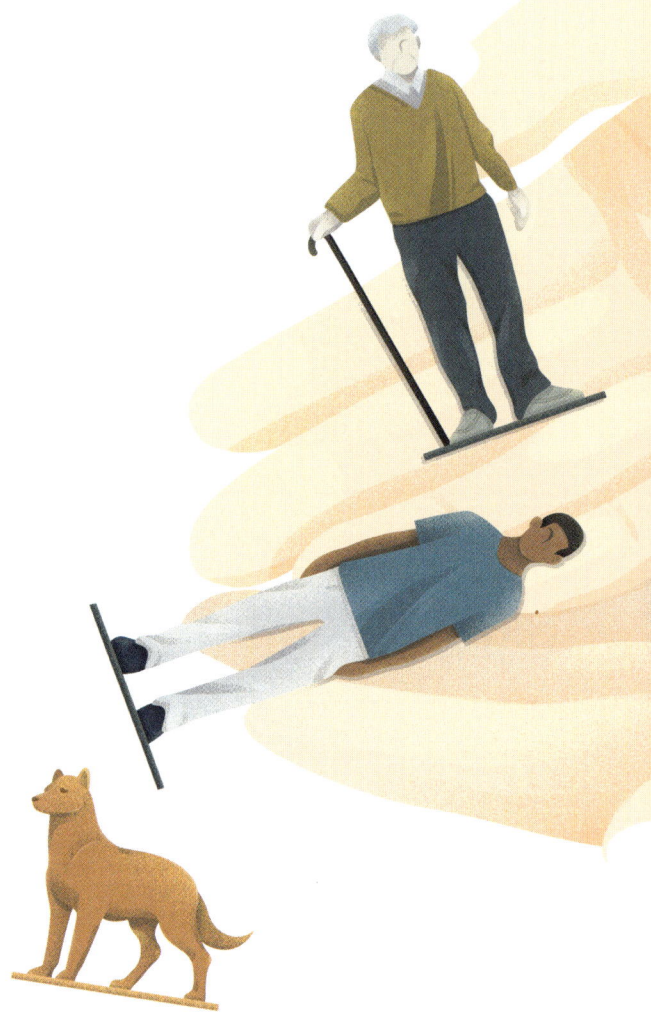

## SIE FÜHLEN SICH VERPFLICH-TET, SICH ZU KÜMMERN

Sie machen sich übermäßig Sorgen um
andere. Sie können den Anforderungen,
die das mit sich bringt, nicht gerecht werden,
aber was soll nur ohne Sie geschehen?

**Aktion** Hier geht es um eine selbst auferlegte
Pflicht. Unter Umständen suchen Sie nach
einer Bedeutung in Ihrem Leben. Können Sie
es nicht erwarten, anderen »zu helfen«, auch
wenn Sie sie in Wirklichkeit entmündigen? Ist
Ihnen bewusst, dass die anderen auch ohne
Sie problemlos zurechtkämen?

## SIE HANDELN UNVERANTWORTLICH

In Ihrem Traum müssen Haustiere gefüttert
und gebrechliche Eltern versorgt werden.
Sie haben Ihre Pflichten vernachlässigt und
Hunger und Not verursacht. Sie sind voll des
Bedauerns und wachen niedergeschlagen auf.

**Aktion** Beschließen Sie, Ihre Pflichten nicht
mehr zu vernachlässigen. Delegieren Sie bei
Bedarf Aufgaben, handeln Sie auch in diesem
Sinne verantwortungsvoll.

## SIE WEICHEN DER VERANTWORTUNG AUS

Sie sollen im Traum Verantwortung übernehmen, weichen dem aber immer wieder aus. Sie
haben Angst davor, etwas falsch zu machen,
wenn Sie eine Aufgabe übernehmen, und sind
beim Aufwachen froh, dass Ihnen eine
Demütigung erspart geblieben ist.

**Aktion** Die Angst davor, Fehler zu machen,
wenn Sie einmal Verantwortung übernehmen, lähmt Sie. Sie müssen sich verdeutlichen, dass nicht immer alles schiefgeht,
was Sie anpacken. Diese Ängste stammen
vermutlich aus der Kindheit. Übernehmen Sie
Schritt für Schritt mehr Verantwortung.

## SIE SORGEN SICH UM ANDERE

Sie machen sich Sorgen um andere Menschen
und bieten Ihre Hilfe an. Können Sie ihnen
wirklich helfen? Liefert der Traum Ihnen Hinweise, ob es der richtige Zeitpunkt ist, sich
auf Ihre Kompetenz zu verlassen? Ihre Psyche
prüft diese ernst gemeinte Fürsorge für andere
und ermutigt Sie, im Alltag angemessen
zu handeln.

**Aktion** Freuen Sie sich über Ihre ausge-
glichene Innenwelt: Sie haben eine reife
Einstellung, handeln, wenn Sie gebraucht
werden, und halten sich zurück, wenn andere
allein zurechtkommen. Manchmal ist es auch
richtig, Verpflichtungen abzugeben. Verantwortung hat viele Formen und Sie müssen
wissen, welche Sie wie nutzen.

# EIN FREMDER MIT EINEM LÄNGLICHEN GEGENSTAND

Diese Art von Traum hat meist einen sexuellen Hintergrund. Lange Objekte gelten als Phallussymbole. Solange der Kontext nicht gegen diese Theorie spricht, ist davon auszugehen, dass die Person mit dem länglichen Gegenstand im Traum etwas mit Erotik zu tun hat.

## DER GEGENSTAND IST EIN TAKTSTOCK

Das kommt verblüffend häufig vor. Schließlich hält der Taktstock des Dirigenten die Musiker im Orchester zusammen. Entdecken Sie da eine Parallele zu Ihrem Leben? Was versuchen Sie oder ein anderer zu dirigieren, ohne dass es allzu intim wird? Ein Taktstock könnte dafür stehen, sich zu distanzieren, aber das alleinige Sagen zu haben. Er könnte auch eine Metapher für einen Penis sein.

**Aktion** Sex kann ein wundervolles, wildes Konzert sein oder auch kontrolliert und distanziert ablaufen. Denken Sie an Ihre eigenen Bedürfnisse und die Ihres Partners und seien Sie zu Veränderungen bereit, wenn es an Nähe und Intimität mangelt.

## DER FREMDE TRÄGT EIN SCHWERT

Ein Schwert ist ein Symbol für maskuline Macht und Penetration. Wenn der Fremde sich Ihnen mit der Klinge in der Hand nähert, fürchten Sie vielleicht das Kommende oder genießen die Möglichkeit, ungehemmt Sex zu haben. Der Traum mag einen realen Bezug haben, aber achten Sie auch auf seinen emotionalen Gehalt.

**Aktion** Warum träumen Sie das jetzt? Erregt Sie der Gedanke an Sex mit einem Fremden? Oder ist der Fremde Ihr vertrauter Partner, der sich auf unerwartete Weise verhält? Sprechen Sie mit ihm über den Traum und seine mögliche Bedeutung.

## DAS LÄNGLICHE OBJEKT DIENT ALS BRÜCKE

Jeder als Brücke genutzte längliche Gegenstand kann für einen Penis stehen. So könnte er beispielsweise den trennenden Graben zwischen dem maskulinen und femininen Selbst überbrücken. Diese Art von Brücke penetriert und kreiert. Dies ist ungeachtet der merkwürdigen Bilder ein positiver Traum.

**Aktion** Freuen Sie sich, dass Ihre Psyche Sie auf diese drastische Weise auf Ausgewogenheit hinweist. Sie müssen die in Ihrer Innenwelt unterentwickelte Seite fördern. Da hier das Symbol der Maskulinität als Brücke dient, kann es sein, dass Sie sich im Leben stärker durchsetzen müssen. Denken Sie mehr linear oder durchdringend.

## DER FREMDE WILL, DASS SIE DAS OBJEKT BERÜHREN

Der Raum ist voller länglicher Objekte jeder Art und es kommt Ihnen so vor, als gehörten sie nicht dorthin. Jemand nimmt einen Gegenstand auf und reicht ihn Ihnen. Es scheint ihn zu irritieren, dass Sie zögern, diesen Gegenstand zu berühren. Sie möchten fliehen, aber der Raum hat keinen Ausgang.

**Aktion** Haben Sie Angst vor Sex? Gab es vielleicht Übergriffe in Ihrem Leben, die Sie bis heute verfolgen? Betrachten Sie Ihre Einstellung zum Sex in der Gegenwart. Wenn Sie den Verdacht haben, dass sie durch die Vergangenheit beeinflusst wird, machen Sie sich klar, dass Sie heute nichts zu befürchten haben. Sie haben die Kontrolle – es gibt einen Ausweg.

# MITEINANDER SCHLAFEN

Erfüllender Geschlechtsverkehr ist eine echte Wonne für uns Menschen. An diesem Vergnügen sollten Körper, Geist und Seele beteiligt sein. Dieses Gefühl ist aber nicht allen vergönnt, die sich sexuell betätigen. Unsere Träume spiegeln sowohl unsere Freude als auch unsere Abscheu wider.

## SEX MIT EINEM FRÜHEREN LIEBESPARTNER

Bei einer Feier begegnen Sie einem ehemaligen Partner und unterhalten sich. Erinnerungen kommen auf, Sie lachen über die guten alten Zeiten und vergessen die schlechten. Sie lieben sich. Aber es funktioniert nicht. Sie wachen auf und fühlen wieder den Schmerz und erinnern sich an all die Gründe, warum die Beziehung scheiterte.

**Aktion** Es ist Zeit, das Alte hinter sich zu lassen. Unbewusst wünschen Sie sich die Begegnung, weil sie glauben, die Partnerschaft hätte alles geboten, was Sie brauchten, um ganz Sie selbst sein zu können. Der Traum zeigt aber, dass das Ende unvermeidbar war. Der Bruch musste heilen. Nun gibt es Raum für eine neue Liebe.

## SIE HABEN SEX MIT EINER PROMINENTEN PERSON

Ein berühmter Mensch hat sie als Partner ausgewählt: Sie liegen in den Armen einer Berühmtheit, weil auch Sie eine Berühmtheit sind. Sehen Sie sich unter Prominenten als Gleicher unter Gleichen?

**Aktion** Vermutlich handelt es sich um eine Wunschvorstellung, Sie wollen Glamour und Anerkennung. Auf der unbewussten Suche nach einem Ausgleich für das, was im Alltag fehlt, kommt es leicht zur übersteigerten Selbsteinschätzung. Vielleicht sollten Sie endlich akzeptieren, dass der Wunsch nach dem Unwahrscheinlichen nur Enttäuschung bringt. Seien Sie lieber ein Star unter Ihresgleichen.

## UNBEFRIEDIGENDER SEX IN DER PARTNERSCHAFT

Wieder einmal sind Sie nach dem Sex mit Ihrem Partner unerfüllt und wütend. Das Traumszenario wirkt grau und farblos. Das Bett ist kaum zerwühlt – Sie stehen auf und gehen weg. Ihr Partner ruft Ihnen etwas Unverständliches hinterher, das so klingt, als sei er oder sie auch nicht glücklich.

**Aktion** Was ist Ihr Anteil an der Situation? Wenn es keinen körperlichen Grund dafür gibt, dass der Sex nicht erfüllend war, kann Schüchternheit, mangelndes Selbstbewusstsein, Verlegenheit oder alles gemeinsam die Ursache sein. Es liegt an Ihnen festzustellen, wer Ermutigung benötigt und wie sich das umsetzen lässt. Am wichtigsten ist aber, dass Sie miteinander reden.

## INTENSIVER SEX MIT EINER FREMDEN PERSON

Sie sind allein in einer ruhigen Gegend und sehen eine attraktive fremde Person in Ihrer Nähe. Augenblicklich entsteht eine enge Verbindung zwischen Ihnen und bevor Sie sich versehen, haben Sie wunderbaren, sinnlichen Sex. Solche Leidenschaft haben Sie noch nie verspürt. Die Intensität der Begegnung verblüfft Sie.

**Aktion** Ihr Partner im echten Leben mag nicht aus dem gleichen Stoff sein, ist aber bestimmt in der Lage, mehr Befriedigung in Ihr Leben zu bringen. Fragen Sie sich, warum Ihre Psyche Ihnen diese Traumbegegnung bietet. Soll sie ein Anstoß sein, auf dem Teppich zu bleiben und zu erkennen, was möglich ist? Arbeiten Sie daran!

# BEOBACHTEN SEXUELLER HANDLUNGEN

Heutzutage ist es normal, wenn auch nicht jedermanns Sache, sexuelle Handlungen auf dem Bildschirm zu sehen. Wenn man nicht selbst beteiligt ist, entsteht eine emotionale Distanz: Der Reiz eines Stellvertreterlebens ist für manche inzwischen stärker als der einer echten Beziehung — und vielleicht kommen Sie zu kurz.

## SIE BEOBACHTEN FREUNDE BEIM SEX

Sie beobachten Bekannte im Traum beim Sex und fühlen sich schmerzlich isoliert. Sie kommen sich vor wie ein einsamer Außenseiter, von etwas Kostbarem ausgeschlossen, das die beiden offenbar gefunden haben.

**Aktion** Was hält Sie davon ab, selbst eine erfüllende sexuelle Beziehung zu haben? Was müssten Sie unternehmen, um einen Partner zu finden?

## SIE SIND GANZ NAH DRAN

Ihr Traum handelt von sexuellen Handlungen, die übersteigert pornografisch sind. Sie sind froh, nicht beteiligt zu sein, sehen aber gerne zu. Sie genießen es, dort zu sein, und empfinden keine Scham. Sie ärgern sich beim Aufwachen, dass der Traum vorüber ist.

**Aktion** Sie sind unmittelbar dabei und nur einen Schritt davon entfernt mitzumachen. Sie haben reichlich sexuelle Spannung erfahren, ohne wirklich am Geschehen beteiligt zu sein. So funktioniert Voyeurismus. Sie müssen sich etwas trauen und zumindest ein wenig Sex wagen. Es muss ja nicht gleich wild werden.

## AUSGELASSENER GRUPPENSEX

Sie sind in einem Raum, in dem ausgelassener Gruppensex vor sich geht, und alle genießen es. Männer und Frauen wechseln von Partner zu Partner, Paare tun sich mit anderen Paaren zusammen und Sie fühlen sich irgendwie einsam. Sie sehnen sich nach jemandem, mit dem Sie sexuelle Freuden teilen können, möchten mitmachen, wissen aber im Traum, dass Sie eine echte Verbindung suchen, keinen oberflächlichen Spaß.

**Aktion** Dieser Traum spricht von tiefer Selbsterkenntnis. Halten Sie sich an Ihre instinktive Reaktion und lassen Sie sich nicht auf sexuelle Erlebnisse ohne Erfüllung ein. Ihre Bedürfnisse gehen über die rein körperliche Befriedigung hinaus, Sie suchen nach einer tieferen Verbindung zu einem anderen Menschen.

## DER SCHÜCHTERNE BEOBACHTER

Im Fernsehen läuft Sex. Erregt Sie der Traum? Fühlen Sie Angst, Scham oder sind Sie peinlich berührt? Haben Sie den Film vielleicht früher am Abend tatsächlich im Fernsehen gesehen? Haben Sie sich in irgendeiner Weise beteiligt gefühlt oder nur zugesehen? Halten Sie Ihre Reaktionen beim Aufwachen fest und vergleichen Sie sie mit Ihrem »felt sense«.

**Aktion** Wir sind schnell sexuell stimuliert und dass wir nach Filmen träumen, ist völlig normal. Kommt die Szene aber aus heiterem Himmel, prüfen Sie Ihre Empfindungen: Scham oder Verlegenheit könnten bedeuten, dass Sie Sex scheuen. Ihr Traum bot Ihnen eine sichere Distanz zum erotischen Geschehen. Stellen Sie sich Ihren Ängsten.

# ELTERNHAUS

Träume über die Kindheit sind ein wichtiger Teil unserer Innenwelt. Sie erinnern uns an die Zeit, in der wir wenige Verpflichtungen und viele Freiheiten hatten, oder sie zeigen uns, wie glücklich wir waren. Das Elternhaus ist unser Ursprung, deshalb sind wir in unseren Träumen oft dort.

## WEHMÜTIGE ERINNERUNGEN

Der Traum erinnert an glückliche Zeiten, als Sie ein Kind waren. Er zeigt Szenen von damals und erinnert Sie an die schönen, sicheren und lustigen Tage mit Familie und Freunden. Das weckt Sehnsucht nach der Unkompliziertheit, die wir in unserem heutigen Leben gerne hätten.

**Aktion** Akzeptieren Sie, dass diese glücklichen Tage der Kindheit angehören, und seien Sie glücklich, sie genossen zu haben. Sie können nicht zurück, egal wie sehr Sie es sich wünschen. Braucht Ihr erwachsenes Ich Aufheiterung, sorgen Sie dafür, z. B. indem Sie sich mit den Kindern eines verständnisvollen Freundes beschäftigen.

## SIE SEHEN KINDERN BEIM SPIELEN AUF DER STRASSE ZU

Sie schauen aus dem Fenster, draußen spielen Kinder im Sonnenschein. Sie möchten am liebsten mitmachen, aber Sie haben drinnen Wichtiges zu erledigen. Resigniert gehen Sie vom Fenster weg und Ihren Pflichten nach.

**Aktion** Ohne etwas dafür zu können, mussten Sie zu früh erwachsen werden. Nehmen Sie Ihre Vergangenheit an. Es führt kein Weg zurück. Lassen Sie die Trauer um verpasste Gelegenheiten zu, schließen Sie mit diesen Erinnerungen aber bewusst ab. Sie haben Ihr Bestes getan, es ist nun an der Zeit, die Gegenwart zu genießen.

## SIE WANDERN VON RAUM ZU RAUM

Auf der Suche nach etwas, was Sie unbedingt in Ihr jetziges Leben mitnehmen müssen, gehen Sie von Raum zu Raum. Sie wissen irgendwie, dass Sie sich selbst verwirklichen können, wenn Sie nur das Richtige finden.

**Aktion** Warum schauen Sie stets zurück? Was fehlt in Ihrem jetzigen Leben, das sich eine solche Lücke auftut? Vielleicht haben Sie in der Kindheit etwas nicht erlernt, das verhindert, dass Sie sich selbst verwirklichen. Finden Sie heraus, was es ist und wie Sie es möglichst korrigieren können.

## SIE FINDEN SICH IN IHREM ELTERNHAUS WIEDER

Sie stehen als erwachsener Mensch vor Ihrem Elternhaus. Plötzlich sehen Sie sich als Kind, wie Sie mit Ihren Geschwistern und Freunden spielen. Völlig fasziniert beobachten Sie, was sich zwischen Ihnen und den anderen abspielt, und irgendwie haben Sie das Gefühl, dass das wichtig ist.

**Aktion** Die Interaktion ist wichtig: Die Dynamik zwischen Ihnen und den anderen kann Ihnen viel darüber verraten, wer Sie sind. Wenn Sie schon als Kind alle herumkommandiert haben, sind Sie heute vermutlich eine Führungskraft. Waren Sie eher schüchtern? Wie ist es heute? Sie können Gene und Konditionierung nicht ändern, aber Sie können sich wandeln, um sich wohler zu fühlen.

### FALLSTUDIE: CHARLIE

Charlies eigentlicher Vater war der Liebhaber seiner Mutter. Sein Vater ahnte es zwar, sagte aber jahrelang nichts. Als Charlie sechs Jahre alt war, brannte die Mutter mit ihrem Liebhaber durch. Damit begannen die seelischen Grausamkeiten. Ohne jede Erklärung musste Charlie alleine in der Küche essen. Er konnte nur hören, wie seine Geschwister ihr Essen gemeinsam im Esszimmer genossen.

Allein und verwirrt durch das abweisende Verhalten seines Vaters konnte Charlie keine Beziehung zu seinen älteren Geschwistern aufbauen. Den anderen Kindern hatte der Vater verboten, mit ihm zu sprechen. Aber zumindest gab es eine Haushälterin im Haus, die Charlie Zuneigung gab.

Eines Nachts träumte er, dass er selbst eine Frau und zwei Kinder hätte. Sie lebten glücklich zusammen in einem hellen, sonnigen Haus. Er schrieb den Traum auf und behielt ihn über 20 Jahre lang als Talisman. Sein Traum wurde wahr. Der so eindrückliche und schöne Traum macht ihm Mut und schenkte ihm die Kraft, seinen Traum zu verfolgen und die Familie zu bekommen, die er sich wünschte.

# SPIELZEUG AUS HOLZ

Holzspielzeug übt auf Kinder einen besonderen Reiz aus. Es lässt sich gut greifen, ist stabil und hat meist leuchtende Farben. Kein Wunder, dass manche Spielzeuge schon seit dem letzten Jahrhundert Sammlerstücke sind. Wenn sie in Träumen auftauchen, können sie für gute Zeiten stehen oder auf etwas hinweisen, das in der Gegenwart genauer betrachten werden sollte.

## RUNDHÖLZER IN LÖCHER HÄMMERN

Beim Sortieren alter Spielzeuge finden Sie eine hölzerne Hammerbank. Sie erinnern sich, wie Sie als Kind begeistert die runden Klötze in die Löcher hämmerten, nachdem Sie begriffen hatten, dass es darum ging, hart auf sie einzuschlagen. Das Bild des begeistert hämmernden Kindes erfreut Sie und Sie wachen lächelnd auf.

**Aktion** Gibt es ein Thema, das Sie so aufwühlt, dass Sie jemandem Ihre Position einhämmern möchten? Im Traum gefiel Ihnen das unablässige Hämmern. Fragen Sie sich, was dahintersteckt. Ihr Unterbewusstsein möchte Sie ermutigen, Ihre Gefühle und Überzeugungen dem entsprechenden Adressaten mitzuteilen.

## ALTES FAMILIENSPIELZEUG

Sie gehen in einen altmodischen Spielwarenladen mit antiken Puppen und Spielzeug. Irgendwie wissen Sie, dass die Spielzeuge, die Ihnen am besten gefallen, einmal Ihrer Familie gehörten. Sie möchten sie an Kinder verschenken, damit der Spaß, den Sie und Ihre Vorfahren mit diesen Dingen hatten, weiterlebt.

**Aktion** Es ist wichtig, sich mit der Vergangenheit zu verbinden. Versuchen Sie mehr über Ihre Vorfahren herauszufinden, darüber, was Sie mit Ihnen gemeinsam haben. Das Spielzeug ist Symbol für die guten familiären Zeiten, die Sie erlebt haben. Ihre Psyche sagt Ihnen, es ist an der Zeit, mit der Suche zu beginnen.

## SIE FINDEN EINE UNBEWEG-LICHE MARIONETTE

In einem beängstigenden Traum finden Sie eine Marionette, die wie gelähmt wirkt, obwohl sie Fäden hat. Vergeblich versucht ein Spieler von seiner erhöhten Position aus ihre Glieder zu bewegen. Sie sind entsetzt, dass sich die Marionette nicht rühren kann und rufen, um sie zum Leben zu erwecken.

**Aktion** Die Marionette sind Sie. Fühlen Sie sich wie in einer Sackgasse, bewegungsunfähig? Wer könnte der Marionettenspieler sein? Gibt es eine Parallele zu Ihrem Alltag? Schöpfen Sie Mut aus Ihrem Versuch, die Puppe aufzuwecken. Sie können Ihr Leben verändern.

## BUNTE **BAUKLÖTZE**

Aus einem Korb purzeln bunte Bauklötze aus Holz, bereit, zu Türmen, Häusern und Mauern aufgeschichtet zu werden. Es sind Hunderte, viel mehr, als ein Kind brauchen könnte. Irgendetwas an den Bauklötzen zieht Sie an. Wie ein Kind beginnen Sie, mit ihnen zu spielen, und legen das Fundament eines neuen Hauses.

**Aktion** Möchten Sie umziehen oder sich beruflich verändern? Ein Fundament ist ein sehr starkes Symbol. Die bunten Bauklötze deuten auf einen lang gehegten Kindheitstraum hin, etwas Wunderbares zu erschaffen. Hinterfragen Sie die Bilder: Haben Rechtecke in Primärfarben in Ihrem derzeitigen Leben eine Bedeutung? Der Traum birgt einen Hinweis, den Sie entschlüsseln sollen.

>> NACH VOLLENDETER DEUTUNGSARBEIT LÄSST SICH DER TRAUM ALS EINE WUNSCH-ERFÜLLUNG ERKENNEN. <<

**SIGMUND FREUD**
*DIE TRAUMDEUTUNG* (1900), GW, S. 126

# SPIELZEUG WIRD LEBENDIG

Es gibt viele lustige Animationsfilme, doch bei manchen Filmemachern verwandeln sich leblose Puppen in lebendige, bösartige Kreaturen. Das Konzept der Spielzeugfigur, die zum Leben erwacht, hat aber — egal, in welchem Genre — etwas Fesselndes. Ihr Auftauchen im Traum ist wichtig und kann helfen, aktuellen emotionalen Problemen auf die Spur zu kommen.

## SPIELZEUGFIGUREN BENEHMEN SICH DANEBEN

Das Verhalten der Figuren macht sie stutzig. Sie benehmen sich daneben, schlitzen Autoreifen auf, schmeißen Fensterscheiben ein. Fassungslos beobachten Sie, wie sie Dinge zerstören, andere Menschen gegen sich aufbringen und wütend machen.

**Aktion** Gibt es etwas, das Sie beenden oder zerstören möchten? Vielleicht eine schal gewordene Beziehung oder Freundschaft? Denken Sie an die Traumhandlung: Die Figuren tun, was sie wollen. Vielleicht müssen Sie etwas Drastisches tun.

## SPIELZEUGFIGUREN LEBEN IHREN TRAUM

Im Traum finden Sie sich an einem wunderbaren, magischen Ort wieder, dem schönsten, den sie je gesehen haben. Hier leben Spielzeugfiguren so, wie Sie gerne leben würden. Alles, was sie tun, entspricht Ihrer Traumvorstellung vom Leben, und Sie beneiden sie.

**Aktion** Was möchten Sie in Ihrem Leben verändern? Wie können Sie Ihr Leben spannender gestalten? Die Spielzeugfiguren stehen für eine Ihrer Subpersönlichkeiten, die derzeit unterdrückt wird. Warum ist das so? Wie können Sie aufhören, nur in der Traumwelt wirklich zu leben?

## SPIELZEUGE EINES FREUNDES SCHIKANIEREN IHRE EIGENEN

Sie sind wieder Kind und spielen mit Ihrem besten Freund. Zu Ihrem Entsetzen schikanieren seine Spielzeuge Ihre Figuren. Sie sind geschockt und wollen nach Hause rennen. Sie fühlen den Schmerz der Figuren.

**Aktion** Gab es einen Freund, der Sie herumkommandiert, stark beeinflusst oder manipuliert hat? Ihr Traum drängt Sie dazu, sich diesen Erinnerungen zu stellen und niemandem jemals wieder zu erlauben, so viel Macht über Sie auszuüben.

## IHR LIEBLINGSSPIELZEUG WIRD LEBENDIG

Im Traum wird Ihr Lieblingsstofftier lebendig und sie begegnen ihm wie einem lang verschollenen Freund. Sie haben einst wunderbare Zeiten zusammen verbracht; nun spielen Sie wieder ausgelassen zusammen und haben Spaß.

**Aktion** Es ist natürlich ein Wunschtraum: Sie möchten wieder Kind sein. Dann wären alle gegenwärtigen Sorgen verschwunden und Sie könnten dieses wunderbare Spiel auf ewig ausleben. Es mag verlockend sein, aber Sie können nicht zurück. Gestehen Sie sich den Wunsch zu, aber kümmern Sie sich dann wieder um Ihren Alltag.

# ZURÜCK IN DER SCHULE

In der Schule dreht sich alles ums Lernen, und zwar nicht nur um Lesen, Schreiben und Rechnen. Ist die Schulzeit keine schöne Zeit, weil man sich gemobbt, ausgeschlossen oder zurückgewiesen fühlt, kann das bis ins Erwachsenenleben hineinwirken. Hingegen kann eine glückliche Schulzeit in ein gutes Leben führen. Wie das gelingt, kann auch ein Traum verraten.

## SIE SIND WIEDER IN DER SCHULE – MIT ERWACHSENEN

Sie sind inmitten fremder Erwachsener in der Schule. Sie sind neugierig, was die Menschen dort tun, und Sie möchten bei dem mitmachen, was sie so fasziniert. Achten Sie darauf, was die Erwachsenen machen, was sie erlernen und womit sie sich beschäftigen.

**Aktion** Dieser Traum möchte Ihnen sagen, dass Sie mehr Anregung in Ihrem Leben brauchen, vielleicht ein neues Hobby. Oder Sie lernen noch einmal etwas ganz Neues. Das kann sehr erfüllend sein.

## SIE SPIELEN IN DER SCHULE

In diesem schönen Traum haben Sie viel Spaß und lachen oft. Sie toben mit Ihren besten Freunden durchs Klassenzimmer und kichern ausgelassen, was sich herrlich anfühlt.

**Aktion** Ein wenig Nostalgie ist vielleicht genau das, was Sie gerade brauchen! Genießen Sie die unbeschwerten Erinnerungen des Traums und gehen Sie dann Ihren Tag an.

## KINDER **MOBBEN** JEMANDEN

Im Traum sehen Sie, wie eine Gruppe Kinder ein anderes Kind drangsaliert. Sie erkennen, dass Sie sich in der Schule gefühlt haben wie dieses Kind. Sie verspüren ohnmächtige Wut, weil diejenigen, die im Traum die Täter sind, Ihre Rufe nicht hören, so wie sie Sie damals ignorierten.

**Aktion** Die Szene zeigt, warum Sie Mitleid mit Opfern haben und helfen wollen. Seien Sie froh, dass der Schmerz der Vergangenheit Sie für den Schmerz anderer sensibilisiert hat, und verwandeln Sie die Schwäche in Stärke. Aber mischen Sie sich nicht unnötig ein, denn das könnte nach hinten losgehen.

## EIN **MITSCHÜLER** MACHT IHNEN ANGST

Der Traum handelt weniger vom Mobbing auf dem Schulhof, als von einem bestimmten Mitschüler, der Ihnen Angst macht. Er ist der bedrohliche Junge, der die gesamte Nachbarschaft terrorisiert und sich immer provoziert fühlt. Er erinnert Sie an einen herrschsüchtigen Lehrer, den Sie einst hatten. Sie wollen aus der Schule weglaufen, um nicht sein nächstes Opfer zu werden.

**Aktion** Wer könnte diese bedrohliche Person in Ihrem aktuellen Leben sein? Vielleicht verhält sich jemand Ihnen gegenüber dominant, ohne es zu merken. Sprechen Sie sie oder ihn darauf an. Vielleicht erleben Sie eine positive Überraschung.

## SIE **GEHEN ALS ERWACHSENER ZUR SCHULE**

Sie gehen als Erwachsener in die Schule, tragen aber Schulkleidung, genau wie die anderen Kinder. Und es stört Sie nicht, Sie gehören einfach dazu.

**Aktion** Sind Sie emotional in Ihrer Kindheit gefangen? War das Leben früher viel einfacher als heute? Akzeptieren Sie, dass Sie erwachsen sind, und übernehmen Sie die dazugehörige Verantwortung.

# DER KLEIDER-SCHRANK

Wer in einen fremden Kleiderschrank hineinsieht, kann anhand der Kleidung und Schuhe viel über die Person dahinter erfahren. Kein Wunder also, dass Schränke in vielen Geschichten und Träumen vorkommen.

## DER NARNIA-TRAUM

Sie finden sich hinten in einem riesigen Schrank wieder, genau wie in der Fantasygeschichte *Die Chroniken von Narnia* von C. S. Lewis. Sie sehen eine Geheimtür und öffnen sie. Dahinter verbirgt sich eine bunte, verlockende Welt. Sie möchten sie gerne erkunden, können das aber nicht.

**Aktion** Wollen Sie vielleicht gerade der realen Welt entfliehen? Trösten Sie sich mit der Vorstellung eines Zauberschranks, der Sie in eine andere Welt gehen lässt. Finden Sie den Mut, sich den gegenwärtigen Schwierigkeiten zu stellen. Das Blatt wird sich sicher wieder wenden.

## OBEN IM SCHRANK STAPELN SICH GESCHENKE

Oben im Schrank liegen eine ganze Reihe eingepackter Geschenke. Sie sind für Sie – oder doch eher für jemand anderen? In Papier eingewickelt liegen hier unendliche Möglichkeiten, aber Sie können nicht glauben, dass es Ihre sind.

**Aktion** Geschenke stehen für Zuneigung und Aufmerksamkeit und dafür, dass der Schenkende jemandem eine Freude bereiten möchte. Ist Ihnen klar, wie sehr Sie geliebt und geschätzt werden? Warum stellen Sie das infrage? Lernen Sie, die Liebe anzunehmen, und hören Sie auf, sich zu fragen, ob die Geschenke nicht doch für andere gedacht sind.

## EIN **VOLLGESTOPFTER KLEIDERSCHRANK**

Der Schrank in Ihrem Traum ist so voll, dass es unmöglich ist, ein einzelnes Teil zu entnehmen. Sie zerren an einem Kleidungsstück, weil Sie es anziehen müssen, doch Sie können es nicht herausziehen.

**Aktion** Haben Sie sich zu viel aufgebürdet und müssen nun erkennen, dass Sie es nicht schaffen? Dann versuchen Sie, die Last auf ein vernünftiges Maß zu reduzieren. Ihr Traum spiegelt Ihren inneren Druck wider. Er kann auf Unwohlsein hindeuten oder auf Schwierigkeiten, die Sie in Zukunft noch neben Ihrer aktuellen Belastung bewältigen müssen.

## DER **LEERE SCHRANK**

In einem leeren Zimmer steht ein leerer Schrank. Sie öffnen eine Tür und die Leere trifft Sie wie ein Schlag. Erinnert der Schrank Sie an ein früheres Leben? Spiegelt seine Leere Ihre derzeitigen Gefühle wider?

**Aktion** Die Leere im Traum ist ein Symbol für eine Lücke in Ihrem Leben, die es zu schließen gilt. Ein leerer Schrank ist eine Metapher für Trauer oder sogar Depression. Versuchen Sie, die Situation zu verändern. Suchen Sie Wege, um die Leere, die Sie empfinden, zu füllen. Vielleicht könnte mehr Spiritualität Ihr Leben bereichern.

# DA IST WAS AUF DEM SPEICHER

Dachböden sind Orte voller Geheimnisse, alter Schätze, aber auch Sperrmüll. Psychologisch betrachtet sind sie ein Symbol für unseren Geist, den Teil unseres Körpers, der der spirituellen Welt nahe ist. Tauchen sie in Träumen auf, hat dies meist größere Bedeutung.

## HOLZWÜRMER

Sie entdecken, dass die Dachbalken voller Holzwürmer sind, und machen sich Sorgen, dass sie stark beschädigt werden, wenn nichts geschieht. Ihre Befürchtung ist, dass das Dach einstürzt und das ganze Haus beschädigt wird. Sie denken auch an die hohen Kosten, die eine Instandsetzung der Dachbalken verursacht.

**Aktion** Finden Sie heraus, was Sie so beunruhigt, sei es bei Ihnen zu Hause oder in Ihnen selbst. Die morschen Balken sind eine Metapher, die andeutet, dass Sie sich selbst und Ihr familiäres Leben schützen müssen. Haben Sie vielleicht Ihre Beziehung vernachlässigt? Haben Sie Ihre Bedürfnisse oder die anderer nicht beachtet? Beobachten Sie sich und Ihr nächstes Umfeld: Wo könnte etwas »morsch« sein? Bekämpfen Sie erste Anzeichen, bevor die negative Entwicklung weitergeht und alles einbezieht.

## EIN **FAMILIENALBUM**

Im Traum suchen Sie auf dem Dachboden nach etwas. Da fällt Ihnen ein altes Familienalbum in die Hände. Sie entdecken Familiengeheimnisse, über die Sie bisher nichts wussten, und erkennen, dass eine bestimmte Person Ihre Meinung zu manchen Vorgängen viel stärker negativ beeinflusst hat, als Sie je gedacht hätten.

**Aktion** Fragen Sie sich, warum dieser Mensch so viel Einfluss auf Sie hatte. Vielleicht müssen Sie das Bild dieser Person für sich ändern. Vielleicht hat sie ein falsches Szenario dargestellt, an dass Sie als junger Mensch geglaubt haben. Heute können Sie die Situation neu bewerten und sich entscheiden, wie Sie die Beteiligten beurteilen. Leben Sie nach Ihren eigenen Regeln, nicht nach denen Ihrer Familienangehörigen.

## UNBEKANNTE **TAGEBÜCHER**

Sie träumen, dass Sie einen riesigen Dachboden durchstöbern, er ist voller Kisten, Akten und Schriftstücke. Sie versuchen herauszufinden, woher diese Dinge stammen, finden aber nur die Tagebücher von Unbekannten. Sie erkennen starke Traurigkeit, beschrieben in emotionalen Worten, die Sie zu Tränen rühren. Sie möchten den Menschen, der das geschrieben hat, lange in den Arm nehmen und ihn trösten.

**Aktion** Haben Sie schon einmal darüber nachgedacht, etwas zu schreiben? Die Wortgewandtheit eines Fremden hat sie tief berührt. Versuchen Sie auf ähnliche Weise mit Sprache umzugehen und verfassen Sie einen eigenen Text. Vielleicht können Sie etwas schreiben, was die Geschichte des Fremden ehrt.

# ALTE, LEERE HÄUSER

Ein altes Haus fällt Ihnen auf, weil es so einsam liegt. Möchte dort niemand leben? Ist dort jemand gestorben? Wer wird wohl einziehen und das Haus wieder mit Leben erfüllen? Bei Träumen über leere Häuser geht es oft um das Unbekannte.

## SIE WANDERN DURCH LEERE ZIMMER

Die Tür eines Hauses ist Ihnen aufgefallen. Nun gehen Sie durch die Räume: In manchen stehen Möbel, in anderen nicht. Es fasziniert Sie, dass manche Zimmer einfach leer stehen, gleichzeitig macht Sie das traurig. Am liebsten wollen Sie mit Möbeln, Vorhängen und Bildern die Leere füllen.

**Aktion** Sie selbst sind das Haus. Es steht dafür, wie Sie sich im Moment fühlen. Ist Ihnen noch nicht klar, wie viel Sie erreichen können? Haben Sie nur halb gare Ideen? Nutzen Sie Ihre Kreativität: Die leeren Zimmer müssen auf seelischer Ebene mit Farbe und Wärme gefüllt werden. Erkennen Sie, dass Sie alles haben, um sie einzurichten.

# EIN **VERNACHLÄSSIGTES HAUS**

Ein altes Haus wirkt nicht nur leer, sondern auch vernachlässigt. Beim Näherkommen sehen Sie, dass die Farbe an den Fensterrahmen abblättert. Sie stecken einen Schlüssel ins Schloss, drehen ihn und gehen hinein. Das ganze Haus verfällt.

**Aktion** Das Haus ist eine Metapher für Sie. Geben Sie mehr auf sich Acht und übernehmen Sie Verantwortung für sich selbst. Überlegen Sie, wie unaufmerksam Sie waren. Sie können nicht ewig Raubbau mit Ihrer Gesundheit betreiben. Der Traum warnt Sie: Sie haben den Schlüssel, aber Sie haben die Tür zu einem für Sie besseren Leben noch nicht geöffnet.

# UNBEKANNTER **HAUSFLÜGEL**

In einem alten, leeren Haus finden Sie zu Ihrer Überraschung eine Tür, durch die Sie in wunderschöne, unbekannte Räume gelangen. So finden Sie einen ganz neuen Flügel des Hauses und schauen in viele Räume. Sie alle sind leer und Sie wissen, dass dieser Bereich Ihnen gehört.

**Aktion** Unbekannte Hausflügel bedeuten, dass Ihr Geist Ihnen sagen möchte, dass Sie mehr erreichen können. Ignorieren Sie ihn nicht. Fragen Sie sich, ob Sie all Ihre Talente nutzen oder einige schmählich vernachlässigen. Ihr Traum sagt Ihnen, dass es Zeit ist. Seien Sie also kreativ und statten Sie diese leeren Räume aus. Sie sind noch ungenutzt.

# UNANGENEHME **LEERE**

Sie stehen in einem alten, leeren Haus und wissen, dass hier früher viele Menschen gewohnt haben. Überall finden sich Spuren der früheren Besitzer, wie Schatten an den Wänden. Aber jetzt fühlt sich alles leblos und verlassen an und das spiegelt Ihre innere Leere wider.

**Aktion** Was trägt zu Ihrer inneren Leere bei? Das Haus – also Sie – will mit neuem Leben erfüllt werden. Ändern Sie Ihre Gewohnheiten. Indem Sie beispielsweise mit einem spannenden Hobby beginnen, etwas Neues lernen oder Freunde finden, wird sich die Leere füllen.

# BRENNENDE HÄUSER

Ein brennendes Haus hat etwas Bedrohliches. Wurde jemand durch das Feuer verletzt? Ist das Haus völlig ausgebrannt? Gleichzeitig besteht Gefahr für diejenigen, die den Brand zu löschen versuchen. Bedrohung und Mut, das sind die beiden Aspekte, die auch unsere Träume bestimmen.

## SIE BEOBACHTEN, WIE EIN HAUS BRENNT

Ein schlimmer Brand ist im Gange und Sie beobachten teilnahmslos, wie das Haus niederbrennt. Die Feuerwehr kommt und Sie sehen unbekümmert zu, selbst als Menschen aus dem Gebäude getragen werden, die Hilfe brauchen.

**Aktion** Was in Ihrem Leben löst diese enorme Distanz aus? Ist sie vielleicht Ausdruck einer Teilnahmslosigkeit, die Sie sich selbst gegenüber verspüren? Das Haus, das Sie symbolisiert, brennt schließlich. Was in Ihrem Leben könnte gerade in Flammen aufgehen? Seien Sie der Feuerwehrmann, der Menschen in Gefahr mutig rettet.

## SIE WERFEN ALTES IN DIE FLAMMEN

Als das Haus gegenüber brennt, rennen Sie in Ihr eigenes Haus und wollen einige Notizbücher holen, die in einem Schreibtisch versteckt liegen. Ihr Heim ist sicher, aber Sie haben etwas aufgeschrieben, was Sie in die Flammen geben wollen. Sie finden die Bücher mit Ihren Notizen und werfen sie dankbar in die Flammen.

**Aktion** Was müssen Sie loswerden? Haben Sie sich Ihre Wut von der Seele geschrieben, Wut, die Sie unterdrückt haben? Es ist Zeit, dieses aufgestaute Gefühl herauszulassen, damit es Sie nicht zerstört. Kraftvolle Worte zu verbrennen ist auch im echten Leben ein hilfreiches Ritual.

## SIE BEWUNDERN FEUERWEHRLEUTE

Sie bekommen mit, wie Feuerwehrleute einen Brand schnell unter Kontrolle bringen. Das brennende Haus ist ziemlich hoch und durch viele der Fenster schlagen bereits Flammen. Die Feuerwehrleute steigen Rettungsleitern hinauf und begeben sich in Gefahr – Sie bewundern deren Mut.

**Aktion** Wie furchtsam sind Sie? Würde diese Art von Mut Ihre Fähigkeiten übersteigen oder könnten Sie ein wenig mutiger sein? Das Bild zeigt Ihnen, dass andere Menschen in der Lage sind, sich schwierigen Situationen zu stellen. Der Traum möchte Sie dazu anregen, diesem Beispiel zu folgen.

## EIN HAUS BRENNT VÖLLIG AUS

Ein Haus wurde von den Flammen völlig zerstört und fällt in sich zusammen. Voller Entsetzen sehen Sie zu. Zwar wurde niemand verletzt, aber der Anblick schockiert Sie. Das Heim einer lebhaften Familie ist ein Häuflein Asche. Sie fragen sich, was werden wird.

**Aktion** Dieser Traum handelt von Tod und Erneuerung. Akzeptieren Sie, dass sich Dinge in Ihrem Leben radikal ändern müssen. Das zusammenbrechende Haus ist Symbol Ihres Selbstbilds. Aber es gibt eine positive Entwicklung. Ihr Unterbewusstsein deutet an, dass etwas Neues aus der Asche entstehen wird.

# EINSTÜRZENDE MAUERN

Fallende Ziegel, bröckelnde Trockenmauern und Risse in Häusern sind entmutigende Zeichen des Verfalls. Arbeit und Handwerkskunst werden benötigt, um die Schäden zu reparieren. Manchmal deuten Träume auch an, dass es darum geht abzureißen, was noch dasteht.

## UM SIE HERUM WERDEN WÄNDE RISSIG

In diesem düsteren Traum bekommen Wände um Sie herum Risse und stürzen ein. Sobald Sie versuchen, eine Wand zu reparieren, geht es an einer anderen weiter. Sie rennen die Treppe hinauf, um zu sehen, was in der ersten Etage passiert. Entsetzt sehen Sie große Löcher in einer Hausecke. Sie fürchten um das Dach. Eigentlich sind die Balken, soweit Sie wissen, gut in Schuss, genau wie die Dachziegel. Erdrückt von der Last der auf Sie zukommenden Aufgaben wachen Sie auf.

**Aktion** Sind Sie in letzter Zeit deprimiert? Dieser düstere Traum gibt Ihre derzeitige Gefühlslage wieder. Wie gut, dass das Dach, also Ihr geistiger Zustand, anscheinend in Ordnung ist. Vielleicht wird es aber Zeit, Ihre Gesundheit überprüfen zu lassen, um alles mal wieder ins Gleichgewicht zu bringen und das metaphorische Haus auf ein stabiles Fundament zu stellen. Sie brauchen etwas, das Ihnen einen positiven Schub gibt, um sich wieder wohl zu fühlen.

## DIE GARTENMAUER VERFÄLLT

Sie arbeiten im Garten. Plötzlich fällt Ihnen auf, dass da eine alte Mauer steht, die schon völlig verfallen und nutzlos ist. Sie hält niemanden mehr auf. Ihr schönes Obst und Gemüse könnten zerstört oder gestohlen werden.

**Aktion** Die Mauer in Ihrem Traum ist Ihre persönliche Grenze, die derzeit zu wenig beachtet wird. Sie sollten die Früchte Ihrer harten Arbeit besser schützen. Verletzen derzeit Menschen Ihre persönlichen Grenzen? Lassen Sie sich von anderen ausnutzen oder kommt Ihnen jemand schlicht zu nahe?

## ANGST UM DAS FUNDAMENT

In einer Ecke des Hauses tut sich ein bedrohlicher Riss auf. Im Traum erkennen Sie, dass dies nur eines bedeuten kann: Das Fundament hat sich gesenkt. Verzweifelt laufen Sie um das Haus herum und sehen auch an einer anderen Hausecke solche Anzeichen.

**Aktion** Das Bild kann auf eine Beziehung oder eine Arbeitssituation hinweisen, die auf wackligen Beinen steht. Verzweifeln Sie aber nicht. Der Traum ist eine Warnung: Kümmern Sie sich wie im Traum um die Anzeichen der Gefahr. Risse müssen gekittet werden! Finden Sie heraus, was Sie tun können, um die sich anbahnende Krise zu verhindern.

# FREMDE SCHLÜSSEL

Schlüssel können ein Symbol dafür sein, dass sich bisher verschlossene Türen auftun. Manchmal weisen sie auch auf neue Möglichkeiten hin, die sich plötzlich ergeben. Die genaue Bedeutung hängt von dem Szenario, dem Kontext und den jeweiligen Gefühlen ab.

## DIE SCHLÜSSEL MACHEN SIE UNRUHIG

Sie sehen einen Bund seltsamer Schlüssel, der Ihnen unbekannt vorkommt. Sie haben keine Ahnung, wozu sie gehören könnten, doch sie scheinen wichtig zu sein. Sie würden gerne wissen, warum. Die Schlüssel sind alt, sodass sie aus der fernen Vergangenheit stammen könnten. Sie verspüren Unruhe.

**Aktion** Wofür mögen die Schlüssel stehen? Welche verborgenen oder verschütteten Räume Ihrer Erinnerung sollen Sie aufschließen? Vielleicht ist es Zeit, die Schlüssel zu benutzen und sich dem Grund für die Beunruhigung zu stellen. Vielleicht können alte Briefe oder Fotos Ihnen helfen, die Erinnerungen wieder zu wecken. Sagen Sie sich, dass Sie erwachsen sind. Was auch immer los ist, Sie können heute damit umgehen.

## DER SCHLÜSSEL PASST NICHT INS SCHLOSS

Im Traum haben Sie einen Schlüssel gefunden, der einst die Tür verschloss, die Sie in eine bessere Zukunft geführt hätte. Traurig betrachten Sie den Schlüssel und wünschten, Sie könnten ihn noch einmal benutzen. Aber das bleibt Ihnen versagt. Der Schlüssel passt einfach nicht mehr ins Schloss.

**Aktion** Der Schlüssel im Traum ist nicht mehr der richtige. Zwar hat er einst gepasst, aber diese Chance haben Sie vertan. Akzeptieren Sie das. Sie haben ja noch andere Schlüssel, können also kommende Gelegenheiten nutzen. Wo liegen Ihre Stärken? Setzen Sie sie ein, um sich zu verwirklichen.

## EIN ALTER SCHLÜSSEL ZU EINER ALTEN TÜR

Ein riesiger, alter, wunderbar verzierter Schlüssel liegt auf einem Tisch. Sie würden gerne wissen, welches Schloss er öffnet. Plötzlich taucht eine Eichentür auf. Sie stecken den Schlüssel ins Schloss und drehen ihn vorsichtig. Die Tür führt in ein Gewölbe voller alter Geheimnisse. Sie fühlen sich seltsam, aber auch dazu eingeladen, alles zu erkunden.

**Aktion** Am Anfang des Traums sind Sie sehr misstrauisch. Spiegelt das Ihre Zurückhaltung wider, sich in neue Situationen zu wagen? Es könnten lohnende Entdeckungen warten, jedoch müssten Sie dazu Ihre Ängste überwinden.

## SKELETTE HINTER EINER VERSCHLOSSENEN TÜR

Mit einem fremden Schlüssel öffnen Sie eine verbotene Tür – und sehen einen Haufen Skelette. Sie schlagen die Tür zu und laufen so schnell weg, wie Sie können. Das Bild der vielen Knochen verfolgt Sie noch, als Sie aufwachen.

**Aktion** Wofür stehen die Skelette hinter der Tür? Vertrauen Sie Ihrem Unterbewusstsein. Sie müssen sich bestimmten Erinnerungen stellen. Wenn Sie das Gefühl haben, dass Sie dies nicht allein tun wollen, holen Sie sich professionelle Hilfe. Wenn Sie sich mit diesem Traum befassen, könnten die Skelette ganz neue Perspektiven eröffnen.

# AUF DER SUCHE NACH DER TOILETTE

Wir alle müssen auf die Toilette, damit unser Körper sich entleeren kann. Die Ausscheidungen sind ein Symbol für psychischen Abfall, die gespeicherten Erinnerungen, die beeinflussen, wie wir reagieren. Träume dieser Art weisen oft auf das Bedürfnis nach Erleichterung hin.

## SIE SIND BEI DER SUCHE WÜTEND

In Ihrem Traum sind Sie sehr wütend, denn Sie müssen zur Toilette, können aber keine finden. Es gibt keinen sicheren Ort, an dem Sie sich erleichtern könnten. Also halten Sie ein, während Sie so wütend werden, dass Sie fast platzen. Sie sind verzweifelt und Ihre Wut scheint mit der Verzweiflung, keinen passenden Ort zu finden, zu verschmelzen.

**Aktion** Fragen Sie sich, warum Sie Ihren Ärger unterdrücken müssen. Finden Sie heraus, was Sie so wütend macht, und sprechen Sie die Themen an, wenn es Ihnen hilft, andernfalls schweigen Sie.

## SIE HABEN ANGST VOR EINER PEINLICHKEIT

Im Traum laufen Sie von Zimmer zu Zimmer und können die Tür zur Toilette einfach nicht finden. Sie müssen immer dringender und haben Angst, dass es zu einem peinlichen Malheur kommen könnte. Allein der Gedanke, jemand könnte Sie so sehen, erfüllt Sie mit Scham.

**Aktion** Offensichtlich haben Sie Angst, sich in der Öffentlichkeit oder auch nur einer bestimmten Person gegenüber zu blamieren. Waren Ihre Eltern vielleicht von schmutzigen Windeln oder anderem Schmutz angewidert, als Sie Kind waren? Arbeiten Sie entschlossen daran zu akzeptieren, dass Unfälle passieren.

## SIE SUCHEN VERZWEIFELT NACH EINER TOILETTE

Sie suchen verzweifelt nach einer Toilette, können aber keine finden. Sie wissen, es ist wichtig, aber verwirrenderweise geht es nicht darum, sich zu erleichtern. Dann sehen Sie plötzlich eine Katze, die an einen Strauch uriniert und ihr Territorium markiert. Sofort fühlen Sie eine Verbindung zu dieser Handlung.

**Aktion** Gibt es einen Bereich, den Sie für sich haben möchten? Ist vielleicht jemand an Ihrem Partner interessiert, an Ihrem Job oder an Ihren Freunden? Überlegen Sie, wie Sie Ihre Interessen am besten schützen können.

### FALLSTUDIE: AMY

Amy war Teenager, als ihre Eltern sie eine Woche bei einem engen Freund, einem einsamen Witwer, ließen. Was sie nicht wussten: Er war ein Pädophiler. So versprach er Amy Geschenke, küsste sie und gestand ihr seine Liebe. Sie hatte Angst vor ihm. Er verlangte von ihr, das Geheimnis zu wahren. Sie erzählte es ihren Eltern, die ihr aber beide nicht glaubten. Amy fühlte sich von den drei Erwachsenen betrogen. Der Witwer interessierte sich später für Amys Mutter, als der Vater häufig auf Geschäftsreisen war. Immer öfter kam es zu Streit, da der Vater fürchtete, seine Frau würde ihn verlassen. Er bekam drei Herzinfarkte, von denen der letzte tödlich war.

Lange begrub Amy ihre Wut in sich. Eines Nachts träumte sie von der fruchtlosen Suche nach einer Toilette. Da tauchte ein Kindertöpfchen auf. Sie urinierte hinein und trug den Topf zum oberen Treppenende. Der eigentlich lange verstorbene Witwer hielt sich unten im Flur auf. Befriedigt schüttete Amy ihm den Urin auf den Kopf. All die aufgestauten Gefühle hatten ein Ventil gefunden. Als Amy aufwachte, lachte sie schadenfroh und weinte dann die längst überfälligen Tränen.

# FAHREN

Zu fahren ist eine Möglichkeit, von einem Ort zum anderen zu gelangen. Ein Fahrzeug bringt Fahrer und Passagiere von Tür zu Tür, das ist unkompliziert und bequem. Fahren kann aber auch Probleme bereiten, besonders wenn der Fahrer nicht aufpasst. Genau davon handeln viele Träume.

## SIE FAHREN RISKANT

In Ihrem Traum fahren Sie völlig unkontrolliert und extrem riskant. Sie sind viel zu schnell unterwegs, genießen den Nervenkitzel und machen sich überhaupt keine Gedanken über die Risiken für Sie und andere.

**Aktion** Wenn Ihr Fahrstil im Traum der absolute Gegensatz zu Ihren normalen Fahrgewohnheiten ist, handelt es sich wohl um einen Wunschtraum. Es macht nichts, wenn Sie ihn im Schlaf ausleben. Fahren Sie aber tatsächlich so, dann beachten Sie die Warnung und verhalten Sie sich verantwortungsbewusster.

## SIE **STECKEN IM STAU FEST**

Im Traum warten Sie ungeduldig in einem Stau. Die Minuten vergehen, aber nichts bewegt sich. Sie sind frustriert, da Sie Ihren Termin nicht einhalten können und keine Möglichkeit haben, jemanden zu verständigen.

**Aktion** Akzeptieren Sie, dass Verzögerungen passieren. Sie müssen lernen, Stillstände im Leben auszuhalten. Irgendwann geht es weiter. Vielleicht werden Sie ja aus einem bestimmten Grund aufgehalten. Denken Sie an Situationen zurück, als Sie davon überzeugt waren, etwas sei richtig, bis Sie Ihre Meinung doch revidieren mussten. Lernen Sie daraus.

## VOR **IHNEN LIEGT NUR DIE STRASSE**

Der Geschäftstermin liegt hinter Ihnen. Sie starten den Wagen und erreichen bald die Autobahn. Sie fühlen sich frei und genießen den Anblick der leeren Straße vor sich. Nach dem erfolgreichen Ausgang des Meetings ist alles andere nicht mehr Ihre Verantwortung. Sie fahren vor sich hin und fühlen sich großartig.

**Aktion** Gratulieren Sie sich zu der kompetent erledigten Aufgabe, was auch immer es war. Sie haben sich eine Auszeit verdient. Legen Sie einen Kurzurlaub ein.

## SIE **LENKEN VOM RÜCKSITZ AUS**

Sie sitzen tatsächlich hinter dem Fahrersitz, halten das Lenkrad und haben große Angst. Am liebsten möchten Sie den Wagen anhalten, aber Sie erreichen mit Ihrem Fuß die Bremse nicht.

**Aktion** In was für eine unmögliche Position haben Sie sich zu Hause, im Beruf oder in anderen Lebensbereichen gebracht? Warum begeben Sie sich in gefährliche Situationen? Lassen Sie riskantes Verhalten sein, denn sonst wird es auf die eine oder andere Art krachen.

## SIE **HABEN EINEN PLATTEN**

Im Traum beginnt Ihr Lenkrad zu schlagen. Das Auto hat einen Platten, aber Sie fahren gerade auf der Überholspur. Als Sie versuchen, auf die Standspur zu gelangen, werden Sie geschnitten und angehupt. Sie haben Angst und stellen dann noch fest, dass Sie Ihr Handy vergessen haben. Plötzlich hält jemand an und hilft Ihnen, sodass Sie weiterfahren können.

**Aktion** Sie müssen nicht mit jedem Problem allein fertig werden. Vertrauen Sie auf Ihren Instinkt. In der Not finden Sie einen Helfer.

# FLIEGEN

Träume übers Fliegen sind meist angenehm, man gleitet sanft durch die Luft oder folgt den Formen der Landschaft. Oft wird durch sie ein Verlangen nach Freiheit und Selbstverwirklichung sichtbar. Manchmal handelt es sich auch um Albträume. Die Empfindungen im Traum helfen bei der Interpretation.

## SIE MÖCHTEN DAVONFLIEGEN

Sie wollen der Welt entfliehen und in die große, blaue Weite des Horizonts verschwinden. Sie fliegen höher und höher, sind glücklich. Dann sinken Sie und sehen unten Ihr Zuhause. Da verliert das Fliegen all seinen Reiz.

**Aktion** Warum wollen Sie davonfliegen und Ihrem Leben am Boden entkommen? Können Sie nicht auf Kurs bleiben und eine Veränderung abwarten? Die Flucht vor Verantwortung oder vor emotionalen Problemen hilft nicht weiter.

## SIE KOMMEN DER SONNE ZU NAH

Im Traum fliegen Sie immer höher. Irgendwann spüren Sie die Hitze der Sonne deutlicher. Sie sind ganz allein und sich Ihrer Fähigkeit zu fliegen absolut sicher. Es mag sein, dass Sie in Gefahr sind, aber Sie glauben fest daran, unsterblich zu sein.

**Aktion** Denken Sie an Ikarus, dessen Vater Dädalus ihn warnte, der Sonne im Flug nicht zu nah zu kommen, da sonst seine Wachsfedern schmelzen würden. Ikarus ignorierte die Warnung und starb. Erkennen Sie die Überheblichkeit einer Ihrer Subpersönlichkeiten: Arbeiten Sie daran oder leben Sie mit den Konsequenzen.

## FALLSTUDIE: TOM

Als Kind brachte sich Tom im Traum das Fliegen bei. Er benutzte seine Willenskraft, um nachts ohne Flügel aufsteigen zu können. Selbst als Erwachsener flog er noch in seinen lebhaften Träumen, brachte andere in Sicherheit oder floh vor Gefahren. Er wusste, dass dies sein Fluchtweg war (schwere Kindheit, alkoholkranke Mutter), war sich aber auch sicher, dass diese Traumfähigkeit wichtig war.

In solchen Träumen spiegelt sich der Glaube alter Zivilisationen an Seelenreisen, bei denen der Astralleib den Körper verlässt und geht, wohin er will. Vielleicht war in Toms DNS das Wissen der Vorväter gespeichert. Es half ihm auf jeden Fall durch schwere Zeiten. Er kann sich an unzählige Flugträume erinnern. In einem Traum ruft er einer Lehrerin, deren Frage er nicht beantworten kann, zu: »Aber ich kann fliegen!«, als sei dies wichtiger als Hausaufgaben.

Toms seelische Entwicklung ist faszinierend. Statt seinem Leben zu entfliehen, nutzt er heute seine Flugfähigkeit in Träumen, um anderen zu helfen, z. B., um sie in Sicherheit zu fliegen. Im echten Leben ist Tom Arzt.

## AUF UND DAVON IM FLUG

Im Traum fliegen Sie mühelos immer höher und entschweben. Sie genießen das. Ein Wachtraum wird wahr. Es herrschen perfekte Flugbedingungen, der Himmel ist blau. Sie feiern, etwas extrem Befriedigendes im Leben erreicht zu haben.

**Aktion** Sie belohnen sich selbst. Denn das ist ein Traum, den Sie hinnehmen können, ohne aktiv zu werden. Aber vergessen Sie nicht, wieder auf den Boden zurückzukehren. Wenn Sie aufwachen, liegt wieder ein voller Tag vor Ihnen.

# » TRÄUME KOMMEN VON GOTT. «

**FRIEDRICH VON SCHILLER**

*DIE RÄUBER*, 1781. 5. AKT, 1. SZENE

# TRANSPORT

Mit dem Schiff oder dem Zug fahren, zu Fuß gehen, reiten oder fliegen, das kommt immer wieder in Träumen vor. Stets ist es mit einer gewissen Energie verbunden, von A nach B zu kommen, ob es sich um eine tatsächliche oder eine emotionale Reise handelt. Träume über Reisen haben oft mit sich im Leben anbahnenden Veränderungen zu tun.

## EINE TURBULENTE BOOTSFAHRT

Sie sind bei hohem Seegang in einem Boot unterwegs. Riesige Wellen drohen, es zu verschlingen, und das Schaukeln macht Sie seekrank. Das Wasser ist fürchterlich tief, trotzdem haben Sie keine große Angst. Sie sind eher entschlossen dazu, diese Tortur durchzustehen.

**Aktion** Wellen spülen etwas an die Oberfläche Ihres Bewusstseins, das Sie lange verdrängt haben. Um welches emotionale Problem handelt es sich? Je tiefer das Wasser, desto tiefer ist Ihr Wunsch, sich von dem Verdrängten nicht überwältigen zu lassen. Welches Ereignis der jüngsten Vergangenheit hat den Traum ausgelöst? Versuchen Sie, das Puzzle zusammenzusetzen.

## SIE FLIEHEN AUF EINEM SELBST GEBAUTEN FLOSS

Sie sind auf einer verlassenen Insel und empfinden die Isolation als schrecklich. Sie möchten nach Hause. Also suchen Sie nach Stämmen und Fasern, um ein Floß zu bauen. Als Sie auf dem Meer unterwegs sind, macht Ihnen das Floß Sorge. Die Stämme und Bindungen scheinen sich zu lösen. Sie fürchten, dass es ein schrecklicher Fehler war, die Insel zu verlassen.

**Aktion** Sie wissen nicht, ob Sie eine neue Situation bewältigen könnten. Sind Sie sicher, dass Sie die Veränderung – zu Hause, im Beruf oder in der Beziehung – jetzt wirklich wollen? Fragen Sie sich, ob dies wirklich der richtige Zeitpunkt ist.

## EIN BÖSWILLIGER PILOT

Sie sind Passagier in einem Flugzeug, der Flug gestaltet sich sehr holperig. Sie fragen sich, ob der Pilot Spielchen spielt, seine machtvolle Position ausnutzt, um Ihnen Angst zu machen, und leichtfertig große Risiken eingeht.

**Aktion** Dieser Pilot sind Sie, der Träumende: Welche Risiken gehen Sie ein? Erkennen Sie, wann Sie andere rücksichtslos beunruhigen. Ist Ihnen Ihre lässige Gedankenlosigkeit selbst zuwider? Wissen Sie, dass Sie sich manchmal so verhalten? Dann sollten Sie sich Gedanken machen, wie sich Ihr Verhalten auf andere auswirkt.

# UNFÄLLE

Träume von Unfällen weisen meist auf Verzweiflung, Sorgen und Schmerz hin. Sie spiegeln häufig den derzeitigen Zustand wider, ein Gefühl, dass Gefahr droht. Alles ist angespannt, wie vor einem Zusammenprall, sei er wörtlich oder emotional. Manchmal zeigen sie uns so unsere Ängste, manchmal aber warnen sie uns auch.

## EIN **UNFALL AUF DER AUTOBAHN**

Auf der anderen Spur der Autobahn hat sich ein schrecklicher Unfall ereignet. Sie sehen Krankenwagen und Polizeiautos und fragen sich, wie es den Insassen wohl gehen mag und ob sie stark verletzt sind. Sie können nichts tun, sondern müssen in Ihre Richtung weiterfahren.

**Aktion** Dieser Traum spiegelt Ihre Sorge, dass Fremde mit Ihnen nahestehenden Menschen kollidieren könnten, auch im übertragenen Sinn. Wie im Traum gibt es nichts, was Sie tun können. Sie müssen jedem zugestehen, seine eigenen Fehler zu machen und daraus zu lernen.

# IHR FLUG HAT VERSPÄTUNG

Die Start- und Landebahn ist nach einem Unfall gesperrt. Ihr Flug kann nicht starten. Im Traum dauert die Verzögerung ewig. Sie bleiben völlig ruhig, setzen sich mit einem Kaffee und einem Buch hin und warten ab. Andere Passagiere werden wütend, aber Sie versenken sich in Ihr Buch. Gegen den verpassten Termin können Sie eh nichts tun.

**Aktion** Gratulieren Sie sich zu Ihrer Gelassenheit dem Leben gegenüber. Es gibt immer mal Verzögerungen und Sie haben gelernt, schwierige Situationen in der Gewissheit durchzustehen, dass sich irgendwann wieder etwas bewegen wird.

# FAHRRADKARAMBOLAGE

Sie fahren mit Freunden Fahrrad. Es geht durch Haarnadelkurven und Sie rasen bergab. Sie fühlen sich selbstsicher wie ein Sieger, obwohl gar kein Wettrennen stattfindet. Doch plötzlich nehmen Sie eine Kurve zu eng und lösen eine fürchterliche Karambolage aus. Ihre Freunde winden sich vor Schmerzen. Sie sind verantwortlich, denn Sie sind vorne gefahren und leichtfertig ein Risiko eingegangen.

**Aktion** Das rasende Fahrrad ist ein hilfreiches Bild Ihres Selbst. Es warnt Sie vor unnötigen Risiken, durch die Sie andere gefährden. Wo sind Sie zu schnell oder leichtsinnig unterwegs? Vermeiden Sie seelische Karambolagen aus Hybris. Nehmen Sie unübersichtliche Wendungen im Leben mit Bedacht.

# SIE FAHREN GEGEN EINE LATERNE

Sie radeln durch die Stadt. Dabei lassen Sie sich von den Schaufenstern ablenken und landen an einer Laterne. Einige Passanten fragen, ob Sie in Ordnung sind, andere grinsen. Sie sind einfach nur genervt, weil Sie zu spät zur Arbeit kommen werden. Sie denken sogar darüber nach, ob Sie die Stadt wegen der falsch positionierten Laterne verklagen sollten.

**Aktion** Fragen Sie sich, was Sie direkt vor der Nase haben, ohne es wahrzunehmen, weil Sie zu sehr abgelenkt sind. Überlegen Sie auch, wie häufig es in Ihren Beziehungen schon zum Zusammenprall kam. Achten Sie im Alltag besser auf sich anbahnende Konflikte. So lebt es sich entspannter.

# DER REISEPASS

Ein Reisepass ist ein wichtiges Dokument, das es Ihnen erlaubt, Grenzen zu überschreiten und in andere Länder zu reisen. Er steht für Ihre Identität und für die Möglichkeit, sich von Ort zu Ort zu bewegen. Auch im Traum ist er oft wichtig, symbolisiert aber häufig etwas anderes.

## IHR PASS IST ABGELAUFEN

Ein Zollbeamter schaut auf Ihren Pass und runzelt die Stirn. Er gibt Ihnen den Pass zurück und sagt, er sei abgelaufen. Sie können nicht weiter. Weder Charme noch Wutanfälle helfen.

**Aktion** Akzeptieren Sie, was der Traum Ihnen sagt. Es ist zu früh, sich fortzubewegen, sei es privat oder im Beruf. Es ist einfach der falsche Zeitpunkt. Gehen Sie in Gedanken in sich. Fragen Sie sich, was Sie ändern müssen, damit Ihr Pass später wieder gültig gemacht werden kann.

## SIE BEOBACHTEN ANDERE REISENDE

Sie stehen in der Abflughalle eines Flughafens. Mit Interesse beobachten Sie unzählige Menschen, die auf ihren Flug warten oder schon mit gezücktem Pass am Check-in-Schalter stehen. Sie fragen sich, welche Reiseziele sie wohl haben, in welche Länder sie fliegen und was sie dort erwartet. Plötzlich bemerken Sie, dass Sie Ihren Pass in der Hand halten.

**Aktion** Der Schlüssel zu diesem Traum liegt in Ihrer Neugierde bezüglich der Reisepläne fremder Menschen. Alles, was Sie benötigen, um sich zu bewegen, halten Sie in Händen. Das symbolisiert Ihr Reisepass. Nehmen Sie den Traum als freundliche Aufforderung, denn Sie sind auch seelisch bereit für Veränderungen.

## DAS PASSFOTO ZEIGT EINE ANDERE PERSON

Sie stehen mit anderen am Flughafen in der Schlange am Passschalter. Alle halten Ihre Pässe bereit und zeigen sie vor. Als Sie an der Reihe sind, stellen Sie plötzlich fest, dass das Passfoto nicht Ihr Gesicht zeigt, sondern jemand anderen. Sie werden abgewiesen und dürfen nicht weiterreisen.

**Aktion** Dieser Traum handelt von dem Bild, das Sie von sich nach außen zeigen. Es ist an der Zeit, mehr Sie selbst zu sein. Sie mögen Jahre an Ihrer Außendarstellung gearbeitet haben, an Ihrem Aussehen, Ihrer Kleidung, Ihrer Sprache und Ihrem Verhalten, aber Ihr Unterbewusstsein drängt Sie, authentischer zu sein. Schauspielerei trägt irgendwann nicht mehr. Versuchen Sie, andere mehr von Ihrem wahren Selbst sehen zu lassen.

## DER PASS EINES VERSTORBENEN VERWANDTEN

Auf der Suche nach Papieren im Schreibtisch eines verstorbenen Verwandten fällt Ihnen dessen Pass in die Hände. Er ist lange abgelaufen und das Foto zeigt ihn jünger, als sie ihn gekannt haben. Völlig unverhofft fühlen Sie sich von dem jugendlichen Gesicht im Pass sehr berührt.

**Aktion** Wieso träumen Sie jetzt von dem Verwandten? Was in Ihrem Leben hat Sie an ihn erinnert? War die Person glücklich? Das hoffnungsfrohe, junge Gesicht könnte ein Hinweis sein. Oder Sie sollen sich erinnern, wie wertvoll das Leben ist. Vielleicht geht es auch darum, zu schätzen, was Sie haben.

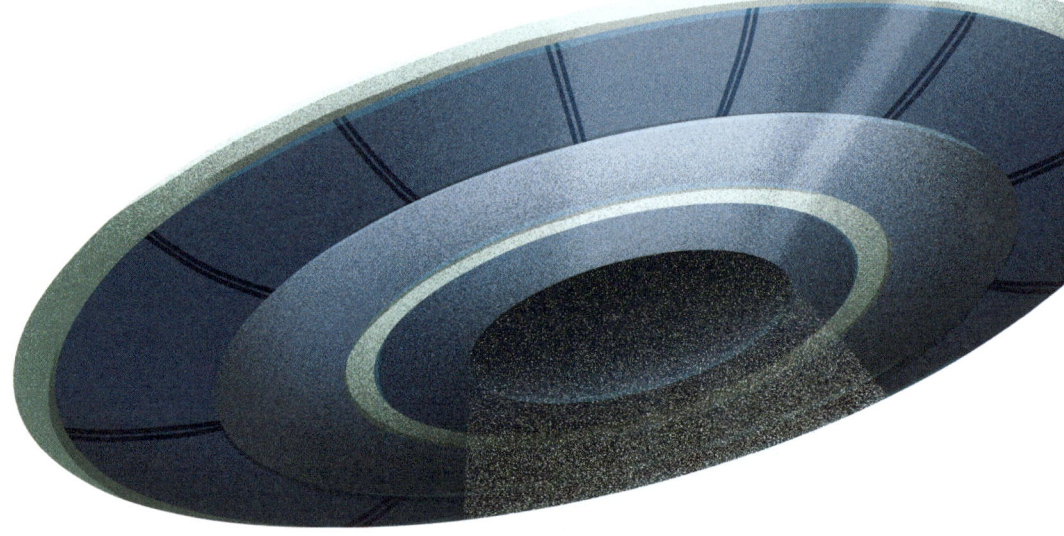

# RAUMSCHIFFE UND ALIENS

Seit Jahrzehnten faszinieren uns Filme und Fernsehserien über Besucher aus dem All. Im Internet finden sich zahllose Berichte von Menschen, die behaupten, von Außerirdischen entführt worden zu sein. Die Vorstellung von solch fremden Wesen hat sich festgesetzt und so kommen sie auch in unseren Träumen vor. Oft sind sie ein Symbol für Flucht, die Suche nach Abenteuern oder spiegeln das Interesse am Universum wider.

## SIE WERDEN VON AUSSERIRDISCHEN ENTFÜHRT

Gegen Ihren Willen werden Sie von Außerirdischen aufgegriffen und in ein Raumschiff gebracht. Das kalte, gefühllose Verhalten der Aliens entsetzt Sie. Sie fühlen sich völlig hilflos und den Fremden ausgeliefert.

**Aktion** Betrachten Sie Ihr derzeitiges Leben. Wer oder was vermittelt Ihnen das Gefühl der Machtlosigkeit und des Ausgeliefertseins? Steht die Gefühllosigkeit der Aliens für die Gefühlskälte einer anderen Person? Ist die Antwort offensichtlich, vertrauen Sie sich jemandem an. Vielleicht benötigen Sie Hilfe, um aus dieser ungesunden Situation herauszukommen.

## SIE WANDERN ALLEIN ÜBER DEN MOND

Sie halten sich auf der Mondoberfläche auf und genießen es, allein umherzuwandern. Ein Raumschiff hat Sie auf Ihren Wunsch hin zum Mond gebracht und dort abgesetzt. Zu Ihrer Überraschung taucht ein zweites Raumschiff auf und bietet Ihnen die Heimreise an. Sie winken den Außerirdischen dankend zu und sehen, wie sie davonfliegen. Sie sind froh, wieder allein zu sein, und freuen sich, Neues zu entdecken.

**Aktion** Vermutlich liegt eine große Veränderung hinter Ihnen. Vielleicht sind Sie in eine andere Region gezogen und entscheiden in diesem Traum, dort zu bleiben und die neue Umgebung zu erkunden. Klopfen Sie sich auf die Schulter, dass Sie mutig diesen Schritt gegangen sind und nun in Ihrem neuen Leben ankommen wollen.

## AUSSERIRDISCHE IN DER NACHBARSCHAFT

In der Nähe Ihres Hauses ist plötzlich ein Raumschiff aufgetaucht. Die Besatzung bittet Sie und Ihre Familie, an Bord zu kommen. Im Traum sind Sie unsicher, ob Sie gehen sollen oder nicht. Das Raumschiff ist faszinierend. Sie sind versucht, es zu erkunden, zögern aber.

**Aktion** Wer sind die »Fremden« in Ihrem Leben? Gibt es Menschen in Ihrer Umgebung, die Sie misstrauisch oder unruhig machen? Wäre es zu mutig, ihnen freundlich zu begegnen, oder haben Sie einfach Angst, Neues kennenzulernen? Sie können sich ja später immer noch zurückziehen.

## FLUCHT AUF EINEN FREMDEN PLANETEN

Sie reisen mit einem Raumschiff zu einem anderen Planeten. Sie sind aufgeregt und erleichtert, die Erde mit ihrem ganzen Chaos hinter sich zu lassen, und lehnen sich zurück. Plötzlich zeigt ein Bildschirm einen engen Verwandten, der weint, weil Sie gegangen sind. Nun bereuen Sie Ihren drastischen Schritt.

**Aktion** Auch wenn Sie aus Ihrem Leben fliehen möchten, sollten Sie bedenken, was das für diejenigen bedeutet, die Sie zurücklassen. Vielleicht fühlen Sie sich hin- und hergerissen und Ihnen ist bewusst, welchen Schmerz Sie auslösen würden. Sprechen Sie darüber, was Sie unglücklich macht, um eine Lösung zu finden, die niemanden verletzt.

# DUNKLE UNTER-IRDISCHE ORTE

Dunkle, unbekannte Orte unter der Erde sind Metaphern für das Unbewusste. Wir wollen sie nicht erkunden, sondern haben Angst vor dem unbekannten Terrain weitab vom Licht des Tages. Doch indem wir diese verborgenen Orte aufsuchen und die Welt in unseren Tiefen ergründen, können wir uns neue Erkenntnisse erschließen.

## ERKUNDUNG **EINER UNTERIRDISCHEN HÖHLE**

Gemeinsam mit einem Begleiter erkunden Sie eine Höhle. Zuerst scheint es ein spannendes Abenteuer zu sein. Sie genießen beide das unheimliche Gefühl in dieser unterirdischen Welt. Doch obwohl alles so spannend ist, werden Sie immer unruhiger. Diese Empfindung ist Ihnen vertraut und Sie wünschen sich, Sie hätten diese Unternehmung nie begonnen. Dennoch sind Sie sicher, dass Sie nicht umkehren können.

**Aktion** Versuchen Sie herauszufinden, was Sie derzeit so unentschieden sein lässt. Dunkle unterirdische Orte sind ein Symbol für unser Unbewusstes. Haben Sie ungewollt angefangen, Ihr Inneres zu erkunden und haben nun Angst davor, was Sie finden könnten? Fahren Sie fort, sei es in einer Therapie oder auf andere Weise, und Sie werden Ihre Furcht beherrschen lernen.

## FLUCHT **DURCH EINEN DUNKLEN TUNNEL**

Sie hetzen durch einen dunklen und feuchten Fluchttunnel. Sie möchten nur aus dieser Enge heraus, die sich immer extremer anfühlt. Aber Sie fürchten auch, entdeckt zu werden und wieder dorthin zurückzumüssen, von wo Sie geflohen sind. Das wäre für Sie einfach unerträglich.

**Aktion** Bedeutet der Traum vielleicht, dass Sie vor einer Konfrontation oder vor einem Partner fliehen möchten? Planen Sie Ihre Flucht, auch wenn sie Gefahren bergen mag. Denken Sie daran, dass das Licht am Ende des Tunnels wartet – wenn Sie sich sicher sind, dass Flucht für Sie die richtige Lösung ist.

## SIE SIND IN EINER UNTERIRDISCHEN MINE

Sie finden sich im Gang einer Mine wieder. Als Sie durch das Labyrinth von Tunneln wandern, machen Sie sich Sorgen, welche Gefahren Ihnen und anderen durch das Einatmen der abgestandenen, verschmutzten Luft drohen. Sie wollen möglichst schnell raus aus der Mine.

**Aktion** Ist die abgestandene, verbrauchte Luft vielleicht ein Symbol für Ihre Arbeitssituation oder doch ein subtileres Bild für ein Problem in Ihrem Privatleben? Unterdrückte Gefühle können die Atmosphäre vergiften, sodass man kaum atmen kann. Wenn dies auf Ihr Privatleben zutrifft, sollten Sie für frischen Wind in Ihrer Umgebung sorgen.

## FALLSTUDIE: JACK

Jack träumte, dass er mit anderen Menschen durch Abwasser in einem unterirdischen Kanalsystem lief. Als sie die Hälfte des Weges geschafft hatten, gab es kein Wasser mehr und sie konnten sich ausruhen. Als Jack Spinde an den Wänden sah, wusste er, dass er Schlüssel, Portemonnaie und Handy dort lassen musste. Er öffnete einen der rostigen Spinde und erkannte, dass schon andere ihre Sachen dort hineingelegt hatten. Diese Menschen waren offensichtlich nicht zurückgekehrt. Ungeachtet dieser düsteren Aussicht wusste Jack, dass er weitermusste. Es ging abwärts in einem steilen Tunnel und es wurde immer dunkler. Doch Jack war sich sicher, dass es irgendwann wieder aufwärts gehen und er am Ende ein glücklicheres Leben finden würde.

Später verstand er die Botschaft des Traums. Er war in seiner Beziehung schon lange unglücklich und suchte Hilfe in einer Therapie. Sein Traum gab ihm den Mut, sich den dunklen Geheimnissen seines Unterbewusstseins zu stellen, und wies ihm einen Weg in eine für ihn positive Richtung.

# » TRÄUME SIND PRÜFSTEINE UNSERES CHARAKTERS. «

**HENRY DAVID THOREAU**

*ICH BEFUHR EINEN FLUSS BEI GÜNSTIGEN WINDEN:
EINE BOOTFAHRT AUF DEM CONCORD UND MERRIMACK*

# EINE BRÜCKE INS NIRGENDWO

Wir sind es gewohnt, Brücken mit einem bestimmten Ziel zu überqueren. Deshalb hat es etwas Beunruhigendes, wenn eine Brücke nirgendwohin führt. Manchmal verlangt unsere Psyche aber, dass wir uns mit dem Unbekannten und Ungewissen auseinandersetzen. Ein Traum kann uns dabei unterstützen.

## SIE FINDEN DEN MUT, ÜBER DIE BRÜCKE ZU GEHEN

Rundum ist es dunkel, aber Sie sind mutig genug, um den Fuß auf eine unbekannte Brücke zu setzen. Ihre Reise hat Sie an diesen Punkt gebracht und es führt kein Weg zurück. Sie haben keine Ahnung, was Sie auf der anderen Seite erwartet, aber Sie wissen, Sie müssen hinüber.

**Aktion** Dieser Traum zeigt Ihren Mut, Sie können stolz auf Ihren Entdeckerdrang sein. Ist das vielleicht ein Bild für einen emotionalen oder beruflichen Weg, den Sie in Erwägung ziehen? Gehen Sie auch den nächsten Schritt, die Brücke ist auf der anderen Seite fest verankert.

## KAPUTTE STUFEN ZU EINER BRÜCKE

Sie fühlen sich versucht, die Stufen zu einer Brücke zu erklimmen, ohne zu wissen, wohin sie führt. Fast am oberen Ende angelangt stellen Sie entsetzt fest, dass Sie eine große Lücke überwinden müssen. Aus irgendeinem Grund können Sie nicht zurück, Sie müssen also springen.

**Aktion** Das Leben macht es Ihnen im Moment nicht leicht. Kaum haben Sie einen Schritt gewagt, tut sich die nächste Schwierigkeit auf. Sehen Sie die Lücke in der Treppe als letzte Herausforderung, die es zu meistern gilt, um relative Sicherheit zu erlangen. Es mag wie ein Sprung ins Nichts wirken, aber die Brücke führt Sie vermutlich an Ihr Ziel. Wagen Sie den Sprung.

## AUS NIRGENDWO WIRD IRGENDWO

Sie zögern, während Sie eine Brücke überqueren, die ins Nichts führt. Sie schwankt im Wind und das macht Sie unsicher. Sollen Sie weitergehen? Aber Sie bleiben nicht stehen und werden immer neugieriger. Schließlich betreten Sie völlig neuen Boden und erkunden eine unbekannte Umgebung. Sie wirkt frisch und neu, was Ihnen gefällt.

**Aktion** Freuen Sie sich, trotz Ihrer Zweifel weitergegangen zu sein. Erinnern Sie sich daran, wie es war, als Sie beschlossen haben, Neues zu erkunden. Vielleicht müssen Sie über die metaphorische Brücke noch einmal zurückkehren, um Dinge abzuschließen, bevor Sie ein neues Kapitel aufschlagen können.

# UNBEKANNTE WELTEN

Für uns ist es ganz normal, über andere Galaxien und Planeten zu sprechen. Wir lesen darüber oder sehen Dokumentationen über die Raumfahrt und das Konzept von Zeitreisen. Das Unterbewusstsein hat viel Stoff, mit dem es unsere Traumwelten füllen kann. Es gilt, große Rätsel, die uns magisch anziehen, zu entschlüsseln.

## FREMDE **WELTEN ERKUNDEN**

Sie finden sich als Forscher auf einem entfernten Planeten wieder. Dort nehmen Sie Proben, untersuchen sie unter dem Mikroskop und sind von Ihren Entdeckungen begeistert. Sie rufen Ihre Kollegen, sich das auch anzusehen, aber plötzlich ist niemand da. Sie sind enttäuscht, Ihre Erfahrungen nicht teilen zu können.

**Aktion** Haben Sie sich zu stark auf sich selbst konzentriert und andere zurückgelassen, während Sie voranstürmen? Versuchen Sie zu erkennen, wann es wichtig ist, andere mit einzubeziehen. Erklären Sie, warum Sie sich auf Ihre Weise verhalten haben, denn niemand fühlt sich gern ausgeschlossen.

# EXOTISCHE **LÄNDER LOCKEN**

Der Traum spielt auf einem Wochenmarkt in einem fremden Land. Aufregende Aromen unbekannter Speisen umwehen Sie, während Sie durch diese sonnige neue Welt streifen. Sie sehen Menschen, die sich mit lauten, freundlichen Rufen begrüßen, während sie ihre Einkäufe erledigen, ganz anders als bei Ihnen zu Hause. Sie möchten mitmachen und fragen sich, ob Sie sich in diese fremde Umgebung einfügen könnten.

**Aktion** Verlockt Sie in der realen Welt der Gedanke, in einem fremden Land zu wohnen, je exotischer, desto besser? Der Zweifel in Ihrem Traum deutet an, dass Sie noch nicht bereit sind für eine solche Veränderung. Wie können Sie sich langfristig auf einen derart kühnen Schritt vorbereiten? Ihr Unterbewusstsein hat Ihnen einen ermutigenden Vorgeschmack gegeben.

# EINE **ZUKUNFTSWELT**

In Ihrem Traum finden Sie sich in einer trüben, futuristischen Landschaft wieder. Überall sind Roboter, fahrerlose Züge und Autos. Die Menschen wirken wie Zombies und am Himmel sind lauter seltsame Fahrzeuge zu sehen. Nirgends gibt es ein Anzeichen von Grün.

**Aktion** Dieser Traum erfordert keine Handlung. Sie haben im Traum eine Zeitreise gemacht, weil Sie sich vielleicht Gedanken über den Klimawandel machen. Erfreuen Sie sich an der heutigen Welt. Diese Zukunft wird es vielleicht so nie geben. Ihre Sorge hat die Welt im Traum erschaffen.

## FALLSTUDIE: ALEX

In einem Traum ging Alex eine ihm bekannte Straße auf dem Land entlang und begegnete alten Freunden bei der Ernte. Er schaute über die ländliche Szene und sah Zugpferde, Wagen und Kleidung wie im 18. Jahrhundert. Die Menschen ernteten mit Sensen Getreide und luden es auf die Wagen. Alex winkte und zwei Männer winkten zurück. Der Traum kehrte noch zweimal wieder, dann blieb er aus. »Es war seltsam, aber es fühlte sich völlig real an«, sagte er. »Ich war dort, in der Sommersonne, roch frisch geschnittenes Getreide und konnte die Vögel hören.«

Einige Wochen vorher hatte Alex nach einem Sturz einige Tage wegen einer Gehirnerschütterung im Krankenhaus verbracht. War sein Gehirn etwa so angegriffen, dass es ihn vorübergehend in eine andere Zeit versetzte? Interessanterweise ist das kein unbekanntes Phänomen. Viele Menschen träumen lebhaft von anderen Jahrhunderten.

# KREUZUNGEN

In der Mythologie und im Volksglauben sind Kreuzungen magische Orte zwischen den Welten, an denen wir Kontakt zu übernatürlichen Wesen aufnehmen können. Nüchterner betrachtet treffen dort Wege aufeinander und psychologisch gesehen sind es Momente, in denen wichtige Entscheidungen getroffen werden müssen. Im Traum weisen Kreuzungen oft auf Wendepunkte hin.

## UNFALL AUF DER KREUZUNG

Als Sie an einer Kreuzung warten, fährt ein anderer Wagen von hinten auf Ihren auf. Sie sind verblüfft, weil der andere Fahrer Sie anbrüllt. Er behauptet, der Unfall sei auf keinen Fall seine Schuld, sondern Ihre! Sie hätten Ewigkeiten auf der Kreuzung gestanden, obwohl Sie hätten fahren können. Er wäre unterwegs zu einem wichtigen Termin gewesen, den Sie ruiniert hätten.

**Aktion** Sind Sie etwa in vielen Situationen zu unentschieden? Bereiten Sie anderen Unannehmlichkeiten, weil Sie deren Interessen nicht beachten? Überprüfen Sie Ihre Einstellung und akzeptieren Sie, dass es Grenzen im Verhalten gibt, genau wie an der Kreuzung in Ihrem Traum.

## MONDLICHT AUF EINER KREUZUNG

Sie stehen mitten auf einer Kreuzung. Momentan sind Sie sich über ein emotionales Problem nicht im Klaren. Es ist Nacht und der Vollmond sorgt für verwirrende Schatten. Sie betrachten die Schatten genauer, sind aber immer noch unsicher, was Sie tun sollen. Da bringt der Mond plötzlich Licht ins Dunkel und zeigt Ihnen die dunkle und die helle Seite Ihres Dilemmas. Nun wissen Sie, wo es langgeht.

**Aktion** Der Mond steht für Ihre intuitive weibliche Seite und Ihr Traum will Ihnen helfen, die richtige Entscheidung zu treffen. Seien Sie froh, denn Ihr Unterbewusstsein hat das Problem anscheinend schon gelöst. Sie sollten nun wissen, was zu tun ist. Auch wenn es verlockend erscheint, ignorieren Sie diesen Rat nicht.

## KREUZUNG DES ZÖGERNS

Sie stehen an einer vielbefahrenen Kreuzung und können sich nicht entscheiden, welchen Weg Sie einschlagen sollen. Die Wahlmöglichkeiten verwirren Sie, Sie haben aber auch Angst vor einem Unfall, wenn Sie noch länger stehen bleiben. Sie bewegen sich langsam Richtung Rand, ohne sich zu entscheiden.

**Aktion** Was wollen Sie umgehen, indem Sie sich nicht entscheiden? Begreifen Sie, dass Sie umso eher Schaden nehmen, je länger Sie warten, und zwar durch den Frust anderer. Begeben Sie sich also nicht unvorbereitet in Situationen. Machen Sie sich klar, wie Sie handeln wollen, um andere nicht zu behindern.

## ALBTRAUMKREUZUNGEN

Im Traum leben Sie an einer belebten Kreuzung. Die ganze Nacht über blinken die Ampeln, der Krach bremsender und anfahrender Autos unter Ihrem Fenster hört nicht auf, das Licht der Scheinwerfer dringt durch die dünnen Gardinen. An Schlaf ist nicht zu denken. Sie sind verzweifelt.

**Aktion** Gestehen Sie sich ein, dass Ihr Leben derzeit an einem traurigen Tiefpunkt ist. Akzeptieren Sie aber auch, dass es besser werden kann und wird. In der Zwischenzeit müssen Sie sich mit den unangenehmen Umständen abfinden.

# EIN FRÜHERER ARBEITSPLATZ

Mit Orten, an denen wir früher einmal gearbeitet haben, verbinden wir oft schöne Erinnerungen. Manchmal liegt es daran, dass wir uns dort wohl fühlten. So fallen uns eher die guten Zeiten ein, die Kollegen und der Spaß, den wir hatten. Im Traum bildet der alte Arbeitsplatz oft den emotionalen Hintergrund für eine Traumbotschaft.

## LIEBESPARTNER AM FRÜHEREN ARBEITSPLATZ

An Ihrer alten Arbeitsstätte tanzen Sie mit Ihrem aktuellen Geliebten Walzer. Sie tanzen zwischen den Tischen umher, während die Kollegen Ihnen bewundernd zusehen, wie gekonnt und elegant Sie tanzen. Plötzlich verschwinden alle und Sie beide sind alleine. Alles fühlt sich falsch an und Sie wachen unglücklich auf.

**Aktion** Die Dinge sind aus dem Lot geraten. Ihre derzeitige Beziehung läuft vielleicht nicht gut, weil Sie noch immer in der Vergangenheit leben. Vielleicht ist Ihnen das nicht bewusst, aber Sie müssen das, was neu wachsen soll, auch zulassen. Schauen Sie nicht zurück, wenn Ihre aktuelle Beziehung gelingen soll.

## DER ARBEITSPLATZ IST VERLASSEN

Sie sitzen am Schreibtisch gegenüber von einem alten Kollegen. Ansonsten ist das Büro verwaist, außer den zwei Tischen und Computern gibt es keine Möbel. Es sieht aus, als würde das Büro bald abgerissen. Was ist passiert? Sie fragen Ihren Kollegen, aber der weiß auch nichts. Sie fühlen sich wie ein Geist in einem Geisterbüro.

**Aktion** Handelt der Traum von einem früheren Arbeitsplatz? Sehnen Sie sich nach den alten Zeiten und dem Spaß dabei? Sie können die Vergangenheit nicht wieder aufleben lassen, aber sich neu orientieren, ob im Job oder durch Hobbys. Akzeptieren Sie, dass das, was war, vergangen ist und suchen Sie nach neuen Herausforderungen.

## SIE SITZEN WIEDER AN IHREM ALTEN SCHREIBTISCH

Sie sitzen wehmütig an Ihrem früheren Arbeitsplatz. Sie sehnen sich nach den alten Kollegen und Freunden, vielleicht sogar nach einem ehemaligen Liebespartner. Sie wandern durch die Reihen und wünschen sich, Sie würden noch dort arbeiten. Aber niemand erkennt Sie, es ist, als ob Sie nie dort gewesen wären.

**Aktion** Akzeptieren Sie, dass es vielleicht falsch war, die alte Stelle aufzugeben. Vielleicht können Sie sich ja wieder dort bewerben. Ist das nicht möglich, schauen Sie nach vorn. Überlegen Sie, ob Sie Entscheidungen manchmal zu hastig treffen. Müssten Sie daran arbeiten?

## IHRE KOLLEGEN IGNORIEREN SIE

Sie sind wie gewohnt bei der Arbeit, aber Ihre Kollegen sehen anders aus, als Sie sie in Erinnerung haben. Sie sprechen freundlich miteinander, aber nicht mit Ihnen – Sie fühlen sich unwohl. Als Sie fragen, warum sich alle so seltsam verhalten, versteht niemand, was Sie meinen, es sei doch alles in Ordnung.

**Aktion** Möglicherweise waren die Kollegen in letzter Zeit nicht freundlich zu Ihnen. Lassen Sie den Gedanken zu, dass sie Ihre Integrität jeden Tag auf subtile Weise unterwandern. Es könnte bald Zeit sein, zu gehen. Aber jetzt sind Sie klüger und können einen anderen Arbeitsplatz mit echten Freunden finden.

# EINE UNBEKANNTE LANDSCHAFT

Unbekannte Landschaften stehen für Territorien, die es noch zu entdecken gilt. Bevor die Sumpfgebiete Amerikas kartografiert wurden, waren sie unbekannt, bevor der Mensch zum Mond flog, war seine Oberfläche unbekannt. Träume von solchen Territorien haben einen Grund. Indem unser Unterbewusstsein einen Traum in eine fremde Umgebung verlegt, sendet es uns eine Botschaft.

## EIN LEERES DORF

Schulen, Häuser und Straßen sind leer. Das Dorf liegt unheimlich und absolut verlassen da. Sie schauen durch einige Fenster in die Häuser, finden aber kein Lebenszeichen, nur Abfall, als ob die Bewohner eilig geflohen wären. Das Dorf wurde aufgegeben. Sie fühlen sich so einsam, wie die Straßen im Dorf wirken.

**Aktion** Kommen Sie sich in irgendeiner Weise verlassen, verstoßen und allein vor? Das Dorf in Ihrem Traum ist eine Metapher dafür, wie Sie sich im echten Leben gerade fühlen. Sind Sie im Alltag stark eingebunden? Dann suchen Sie nach Gelegenheiten, bei denen Sie Gemeinschaft und emotionale Nähe erfahren können.

## VERLOREN IN FREMDER UMGEBUNG

Sie haben sich verlaufen und Ihre Umgebung ist Ihnen völlig unvertraut. Zwar haben Sie Karte und Kompass, aber die helfen Ihnen überhaupt nicht. Weiter weg sehen Sie Menschen gehen. Sie laufen Ihnen hinterher und fragen, wo Sie sind, aber niemand versteht Sie.

**Aktion** Ein Teil von Ihnen fühlt sich verloren. Sie haben einen Plan, den die Karte im Traum symbolisiert, aber Sie setzen ihn nicht um. Was hält Sie ab? Sie sollten lernen, sich den Menschen, die Sie umgeben, deutlicher mitzuteilen. So finden Sie vielleicht heraus, wo Sie im Leben stehen und wie es weitergehen soll.

## EINE FAHRT INS UNGEWISSE

Ein Auto stoppt neben Ihnen und der Fahrer bietet an, Sie mitzunehmen. Sie fahren aus der Stadt heraus und finden sich plötzlich in einer wilden Landschaft wieder. Beunruhigt stellen Sie fest, dass Sie hier nichts wiedererkennen. Die Person, die Sie mitgenommen hat, wirkt immer unheimlicher. Als sie an den Straßenrand fährt, befürchten Sie das Schlimmste. Doch sie hat sich nur verfahren! Das Navigationsgerät hat einen Fehler gemacht. Sie holen nun Ihre Landkarte heraus, um den Weg wiederzufinden.

**Aktion** Der Traum zeigt, wie schnell wir falsche Schlüsse ziehen, wenn wir nur auf unsere eigene Situation achten. Erkennen Sie an, dass auch andere ihre Sorgen haben. Betrachten Sie die Dinge aus mehreren Blickwinkeln, bevor Sie voreilig Urteile fällen. Ihr Unterbewusstsein zeigt Ihnen, dass Sie anderen helfen können.

## EINE STADTLANDSCHAFT

Angestellte strömen aus den Büros und machen sich auf den Weg zu unbekannten Orten. Sie folgen ihnen. Aber die Umgebung, in die Sie nach einiger Zeit gelangen, gefällt Ihnen nicht. Sie wünschten, Sie wären den anderen nicht nachgegangen. Verloren stehen Sie in einer schmutzigen Gasse.

**Aktion** Denken Sie nach und verlassen Sie sich auf Ihr eigenes Urteil, statt auf das anderer.

# BELASTUNG IM ALLTAG

Das moderne Leben steckt voller Stress: Stress bei der Arbeit, Stress mit dem Geld … die Liste ist endlos. Diese Alltagsbelastung spiegelt sich auch in den Träumen vieler Menschen wider. So finden sich Hinweise darauf, was den Träumenden besonders unter Druck setzt, und vielleicht auch darauf, was er tun kann, um Stress abzubauen.

## SIE KOMMEN MIT DER ARBEIT NICHT NACH

Der Druck bei der Arbeit ist immens. Sie verpassen wichtige Termine und zu anderen erscheinen Sie im Pyjama. Ihr Chef möchte ein Gespräch mit Ihnen führen, in dem es um Ihre Arbeitsleistung geht. Sie wissen, dass Sie gefeuert werden, wenn Sie nicht mehr Abschlüsse präsentieren können. Schweißgebadet wachen Sie auf.

**Aktion** So können Sie nicht weitermachen! Wägen Sie das Für und Wider Ihrer Situation ab und gehen Sie im Geiste die Liste Ihrer Aufgaben durch. Vielleicht deutet der Traum auch auf zu viele private Verpflichtungen hin. Auf jeden Fall ist der Druck, der auf Ihnen lastet, zu hoch. Finden Sie Wege, sich zu entlasten.

## SIE TRAGEN DIE WELT AUF DEN SCHULTERN

Eine winzige Erdkugel ruht auf Ihren Schultern und Sie schwanken unter dieser Last. Sie hören, wie jemand gequält aufstöhnt, und müssen sich einen weiteren Tag um diese Person und um Dutzende anderer Verpflichtungen kümmern. Gerne möchten Sie die Erdkugel abwerfen, aber sie bleibt, wo sie ist.

**Aktion** Wie viel müssen Sie im Alltag tatsächlich bewältigen? Vielleicht ist Ihnen die enorme Last gar nicht bewusst und Sie erkennen nicht, dass Sie dies ändern müssen. Suchen Sie Wege, das Gewicht auf Ihren Schultern zu verringern.

## IHR SCHREIBTISCH IST VOLL MIT ARBEIT

Sie sehen, wie die Papierstapel auf Ihrem Schreibtisch so hoch wachsen, dass Sie die obersten Papiere nicht mehr erreichen können. Sie sind verzweifelt. Wenn Sie die Arbeit nicht schaffen, werden andere darunter leiden.

**Aktion** Sprechen Sie mit demjenigen, der Ihnen die Arbeit zuteilt, und sagen Sie, dass Sie erschöpft sind. Haben Sie keine Angst, Menschen zu enttäuschen. Wenn Sie wegen Krankheit oder Erschöpfung ausfallen, ist das viel schlimmer. Rechnen Sie auf Verständnis oder setzen Sie sich selbstbewusst durch.

# PRÜFUNGS-SITUATIONEN

Wenn wir träumen, dass wir an einer Prüfung teilnehmen, fühlt sich das meist bedrohlich an. Nur wenige Menschen finden solche Situationen gut. Manche Tests haben auch mit der Gesundheit zu tun. Dann haben wir keinerlei Kontrolle über den Ausgang und unser Traumszenario ist durch Angst geprägt.

## DIE FRAGEN ERGEBEN KEINEN SINN

Sie sitzen im Prüfungszimmer und Ihre Mitstreiter schreiben fleißig ihre Antworten auf. Aber die Fragen und Berechnungen auf Ihrem Bogen ergeben keinen Sinn. Verzweifelt werfen Sie den Stift auf den Tisch und verlassen den Raum.

**Aktion** Wenn Sie sich weiterbilden oder umschulen wollen, sollten Sie sich fragen, ob der avisierte Beruf der richtige für Sie ist. Haben Sie alles gut durchdacht? Auch wenn der Weg Ruhm oder Geld verspricht: Sind Sie sicher, dass Sie das Zeug dazu haben? Es ist keine Schande, Pläne zu ändern. Im Traum haben Sie verzweifelt den Raum verlassen. Vielleicht war das ein Hinweis.

## DAS ERGEBNIS DER UNTER-SUCHUNG IST NEGATIV

Ihr Arzt sagt, Sie hätten diverse Probleme, ist aber fest davon überzeugt, dass Sie gesund werden, wenn Sie nur Ihren Lebensstil ändern. Sie wissen aber, dass Sie gesund sind, und verlangen, der Arzt möge seine Diagnose überdenken. Er besteht aber auf seinem Ergebnis.

**Aktion** Gestehen Sie sich da etwas nicht ein? Wie der Arzt wissen auch Sie, dass Sie von einem anderen Lebensstil profitieren könnten und dass Ihre Gewohnheiten Ihre Gesundheit gefährden. Doch als Patient möchten Sie nicht zu viele Zugeständnisse machen. Gehen Sie in sich und hören Sie auf die weisere Ihrer beiden inneren Stimmen.

# DIE **FÜHRERSCHEINPRÜFUNG**

Sie sitzen im Praxisteil Ihrer Führerscheinprüfung hinter dem Steuer. An einer Ampel würgen Sie den Wagen ab und versuchen krampfhaft, ihn wieder zu starten. Das gelingt Ihnen aber nicht. Sie sind aufgewühlt, während der Prüfer gelassen neben Ihnen sitzt. Im Rückspiegel sehen Sie, wie die Fahrer in den anderen Autos ruhig warten, ohne zu hupen. Es ist, als wüssten sie, was Sie gerade durchmachen.

**Aktion** Sie werden derzeit auf irgendeine Art auf die Probe gestellt und erwarten nicht, dass man Ihnen sehr gewogen sein wird. Diese Angst hat aber wenig mit der Realität zu tun. Arbeiten Sie an Ihrer inneren Einstellung. Gehen Sie positiv an alles heran, vielleicht erleben Sie ja eine schöne Überraschung.

# SIE **GEHEN UNVORBEREITET IN EINE PRÜFUNG**

Unruhig betreten Sie den Prüfungsraum und setzen sich an ein Pult. Ihnen graust vor dem Prüfungsbogen, der noch umgedreht auf dem Tisch vor Ihnen liegt. Als Sie ihn umdrehen und anfangen wollen zu schreiben, stellen Sie fest, dass Sie völlig unvorbereitet sind. Ihnen fällt keine einzige Antwort ein und es wird Ihnen angst und bange. Was wird Ihre Familie sagen?

**Aktion** Sie sind auf die Prüfung im Traum nicht nur unvorbereitet, sondern scheinen sie auch nicht ablegen zu wollen. Für wen machen Sie die Prüfung? Nicht für sich selbst, sonst hätten Sie vorher etwas dafür getan. Hören Sie auf, die Hoffnungen und Erwartungen anderer erfüllen zu wollen. Folgen Sie Ihren eigenen Träumen.

# SIE WERDEN VERFOLGT

Die Vorstellung, gejagt zu werden — sei es von einem Tier oder von einem anderen Menschen —, ist eine Urangst. Wir verbinden dies mit Gefahr und der Möglichkeit, getötet zu werden. Dabei kann eine wilde Jagd auch ein Spiel sein, das ganz ohne negative Gefühle im Garten oder im Haus stattfindet. Der Kontext des Traums verrät, worum es geht.

## EIN **WILDES TIER** KRATZT AN DER TÜR

Ein riesiges Tier jagt Sie aus dem Wald. Panisch fliehen Sie. Als Sie an der Tür einer Hütte am Wegesrand stehen, schauen Sie sich um und sehen es näherkommen. Sie schlagen die Tür zu und hören dann Klauen am Holz scharren.

**Aktion** Das Tier ist kein wildes Monster, sondern Ihr Traumverbündeter, der Ihnen helfen will. Finden Sie den Mut, den Traum weiterzuträumen und das Tier hineinzubitten. Was könnte es Ihnen sagen wollen? Will es Sie unterstützen oder stärken? Überlegen Sie, wie kraftvoll ein großes, wildes Tier ist. Sicherlich könnten Sie einen Teil davon gebrauchen.

## WARNUNG **VOR EINEM** GEFAHRENBEREICH

Ein Mann ruft aus der Ferne und läuft quer über ein Feld auf Sie zu. Ihnen gefällt sein Aussehen nicht, Sie fliehen. Erst brüllt er weiter, doch dann hört er auf. Plötzlich sehen Sie einen Stacheldrahtzaun und in der Nähe Armeebaracken. Das Rufen war also eine Warnung. Sie sind in ein militärisches Schutzgebiet hineingelaufen.

**Aktion** Wie der Traum zeigt, können uns Vorurteile den Blick verstellen. Lassen Sie sich künftig weniger von vorgefassten Meinungen oder vom Aussehen der Menschen leiten. Geben Sie sich die Chance, Menschen kennenzulernen.

## VOM **HAUSTIER VERFOLGT**

Ihr Haustier hat sich zum Schlafen eingerollt. Sie möchten mit ihm spielen und wecken es auf. Daraufhin reagiert es genervt und sauer. Es springt knurrend vom Stuhl und jagt Sie durchs Haus. Sie versuchen es zu besänftigen, aber es ist zu spät. Es bleibt den ganzen Tag gereizt.

**Aktion** Für wen steht das Haustier? Ist es jemand, den Sie kennen, oder vielleicht ein Teil von Ihnen, der sich danach sehnt, sich einzurollen und die Welt auszublenden. Erkennen Sie, dass plötzliches Aufgewecktwerden zu Missstimmungen führt. Tun Sie sich oder anderen den Gefallen, nichts zu überstürzen, sondern Dinge langsam anzugehen.

## SCHRITTE **IN EINER DUNKLEN GASSE**

Sie gehen nach einem Abendessen zügig nach Hause und hören jemanden hinter sich. Je schneller Sie gehen, desto schneller werden die Schritte. Jemand folgt Ihnen und will Ihnen etwas antun! Sie beginnen zu rennen, der Fremde auch. Vor Angst suchen Sie Schutz in einem fremden Hauseingang. Ihr Verfolger holt sie ein, läuft dann aber vorbei. Sie schämen sich.

**Aktion** Angst lässt uns immer das Schlimmste annehmen. Sind Sie oft ängstlich und stellen sich das Leid von Opfern vor, über die Sie lesen? Viele Menschen haben Angst, dafür muss man sich nicht schämen. Beherrschen Sie Ihre Ängste, indem Sie mit Freunden darüber reden. Dann kehren solche Träume wahrscheinlich seltener zurück.

# ZU SPÄT KOMMEN

Wer zu einem Termin zu spät kommt, verspürt meist starken Druck. Träume handeln häufig von der panischen Angst, eine Frist oder einen Termin zu versäumen. Sie bilden die Angst des Träumenden ab, nicht zuverlässig zu sein, sei es privat oder im Beruf. Die Träume darüber können uns helfen, mehr über uns zu erfahren und uns den Herausforderungen zu stellen.

## VERSPÄTET **ZUR BEERDIGUNG**

Sie sollen bei einer Beerdigung die Grabrede halten. Die Angehörigen warten, aber Sie stecken im Verkehr fest. Sie werden den Friedhof nicht rechtzeitig erreichen, können aber auch nicht umkehren. Entmutigt stellen Sie den Motor ab, untröstlich, weil Sie die Trauernden enttäuschen müssen.

**Aktion** Der Traum deutet an, dass Sie sich vielleicht zu stark für die Gefühle anderer Menschen verantwortlich fühlen. Manchmal kann ein Termin nicht eingehalten werden (wie im Traum). Es ist an der Zeit zu lernen, dass Sie nicht alles richtig machen können, auch wenn Sie anderen noch so gern einen Gefallen tun möchten.

## ZU **SPÄTES ABHOLEN VON DER SCHULE**

Sie sollen ein Kind von der Schule abholen und unterbrechen dafür Ihre Arbeit. Sie fahren, so schnell es geht. Doch als Sie endlich vor Ort sind, sehen Sie, dass alle Kinder schon abgeholt wurden, nur nicht das eine, das auf Sie wartet. Es weint bitterlich. Sie schämen sich und fühlen sich hilflos, weil Sie so viel Arbeit zu erledigen hatten, dass Sie nun zu spät dran sind.

**Aktion** Dieser Traum warnt Sie davor, Aufgaben zu übernehmen, die Sie nicht erfüllen können. Lassen Sie in Ihrem Tagesablauf auch immer Platz für Unerwartetes und lernen Sie, Nein zu sagen, wenn es sein muss.

## ZU **SPÄT ZUR EIGENEN HOCHZEIT**

Die Gäste und Ihr zukünftiger Ehepartner warten auf Sie. Sie sind zwar für die Hochzeit gekleidet, aber aus irgendeinem Grund können Sie Ihre Füße nicht bewegen. Sie kleben am Boden fest, kommen einfach nicht los. Sie verspäten sich nicht nur, sondern werden wahrscheinlich nie an der Hochzeits-Location ankommen.

**Aktion** Die Hochzeit steht für eine wichtige Entscheidung in Ihrem Leben. Der Traum zeigt, dass Sie in einer Konfliktsituation gefangen sind: Ein Teil von Ihnen möchte voranschreiten, ein anderer nicht. Ein solcher Zwiespalt kann emotional lähmen. Hören Sie auf Ihre ängstliche Seite, setzen Sie sich mit ihr auseinander und erkennen Sie, was Sie zurückhält.

# FALLEN UND STÜRZEN

Die meisten von uns haben schon einmal im Traum das unangenehme Gefühl gehabt, wie ein Stein zu fallen. Dahinter steckt ein Kontrollverlust, den wir als negativ empfinden. Selbst wenn wir uns in eine neue Liebe stürzen, fühlt sich das ähnlich an, weil wir auch dann keine Kontrolle haben.

## SIE FALLEN INS WASSER

Sie schwimmen mit Freunden in einem schnell fließenden Fluss. Plötzlich reißt die Strömung Sie mit und Sie stürzen über einen Wasserfall in tosende Wellen. Keinem ist etwas passiert, aber Sie können nichts weiter tun, als mit der Strömung zu schwimmen.

**Aktion** Gibt es in Ihrem Leben eine Parallele zu diesem Traum? Wenn Sie mit dem Strom schwimmen müssen, akzeptieren Sie das und schauen Sie, wo Sie hinkommen. Alles scheint sicher zu sein. Vielleicht gefällt Ihnen ja, was Sie finden.

## STURZ AUS GROSSER HÖHE

Im Traum klettern Sie einen steilen Berg hinauf, um die wunderbare Aussicht zu genießen. Sie lehnen sich vor, damit Sie besser um eine Ecke schauen können. Da verlieren Sie das Gleichgewicht und stürzen in die Tiefe. Sie schrecken aus dem Schlaf auf und sind froh, im Bett zu liegen.

**Aktion** Sie haben sich im Traum zu weit vorgelehnt. Aber eigentlich ist dieser Traum eine Bilanz Ihres bisherigen Lebens. Sie mögen etwas leichtsinnig sein, aber Sie besitzen die Stärke, um den Berg zu erklimmen und am Aussichtspunkt anzukommen. Vielleicht sollten Sie nun, da Sie diese Höhe und Weitsicht erreicht haben, ein wenig vorsichtiger sein. Die Kombination »Hochmut« und »Fall« kommt einem in den Sinn.

# IHR **FALLSCHIRM** ÖFFNET SICH NICHT

Endlich ist der Tag des Fallschirmsprungs gekommen. Ihr Trainer ruft, Sie sollen sich bereit machen, auf sein Kommando springen Sie. Sie fallen. Es wird Zeit, den Fallschirm zu öffnen, aber er entfaltet sich nicht. Während Sie in den gewissen Tod stürzen, ziehen Sie noch einmal verzweifelt an der Reißleine – und der Fallschirm öffnet sich doch noch. Gerettet!

**Aktion** Gut vorbereitet ein Risiko einzugehen ist eine Sache, dies ohne verlässliche Absicherung zu tun, eine andere. Denken Sie daran, dass es immer hilfreich ist, sich Rat von Experten zu holen und nicht sorglos riskante Wege einzuschlagen – auch emotional.

# EIN **KIND STÜRZT**

Im Park sehen Sie, wie Kinder auf einen Baum klettern, und Ihnen fällt ein, wie viel Spaß das gemacht hat. Unbekümmert sehen Sie zu, wie ein Junge auf einen toten Ast klettert, und überlegen nur, was wohl passieren wird. Der Ast bricht ab und der Junge fällt herunter. Doch da kommt ein Erwachsener angelaufen und fängt das Kind auf. Beide landen unverletzt und lachend am Boden. Sie wünschen sich, Sie hätten schneller reagiert.

**Aktion** Natürlich kommen angesichts solcher Szenen schöne Erinnerungen hoch, in denen man gerne schwelgt. Aber Sie als Erwachsener sollten Kinder, die in gefährliche Situationen geraten, schützen und verantwortlich handeln. Wenn Sie selbst Nachwuchs haben, bedenken Sie, dass Kinder Risiken eingehen müssen, um zu lernen. Geben Sie aber acht auf sie.

# SICH DURCH EIN LOCH QUETSCHEN

Sicherlich führt bei der Deutung kein Weg an dem Geschehnis vorbei, das auf der Hand liegt: die Geburt. Unsere Träume können dieses Bild auf vielerlei Art nutzen. So kann es ein neues Lebenskapitel, einen Wendepunkt oder schwierige Umstellungen symbolisieren. All diesen Szenarien haben das Thema Wandel gemeinsam.

## DER EINGANG IST ZU SCHMAL

Ein Sturm zieht auf und Sie suchen Schutz vor dem Unwetter. Als der Regen einsetzt, sehen Sie eine alte Hütte und laufen darauf zu. Die Tür steht halb offen und Sie versuchen, sich durch den Spalt hineinzuzwängen. Doch plötzlich haben Sie das Gefühl festzustecken. Sie kommen weder vor noch zurück.

**Aktion** Der Sturm – wofür er auch stehen mag – hat Sie in eine Situation gebracht, für die Sie anscheinend noch nicht bereit sind. Warten Sie ab, bis der Sturm sich gelegt hat, und hoffen Sie, dass beim nächsten Mal der schwere Schritt durch den Engpass zu schaffen ist.

## SIE STECKEN IM KANALSCHACHT FEST

Regengüsse haben zu Überflutungen geführt. Die Wassermassen haben einen Kanaldeckel herausgespült und Sie meinen, Sie müssten sich darum kümmern. Sie klettern in den Kanalschacht und bleiben stecken. Sie wünschen sich, Sie hätten Hilfe geholt, bevor Sie hinabkletterten.

**Aktion** Wie oft preschen Sie vor und übernehmen Aufgaben, die Sie überfordern? Bevor Sie Risiken eingehen, sollten Sie qualifizierte Hilfe holen. So können Sie viel mehr erreichen.

## SIE SIND ZEUGE EINER SCHWEREN GEBURT

Eine Frau liegt in den Wehen und Sie sehen, dass sich die Geburt schwierig gestaltet. Die Hebamme und die Krankenschwestern wirken nervös. Ein Kaiserschnitt wird vorgeschlagen und Sie wissen, dass die Frau in Not ist. Sie sind in Sorge, vor allem um das ungeborene Kind, dem Sie sich seltsam verbunden fühlen.

**Aktion** Sie sind der Fötus in diesem Traum: Sie versuchen, Hindernisse in der Außenwelt zu überwinden, die verhindern, dass Sie ein neues Leben beginnen. Entspannen Sie sich und warten Sie geduldig ab. Sie haben es schon einmal geschafft. Die Geburt ist hier ein Symbol, dass Sie auf bessere Zeiten einstimmt.

## SIE SIND ZU GROSS, UM DURCH DIE TÜR ZU KOMMEN

Sie befinden sich im Büro und plötzlich stellen Sie fest, wie groß Sie sind. Alle anderen haben eine normale Körpergröße, aber Sie sind ein Riese. Sie möchten mit Ihrem Chef sprechen und gehen zu seinem Büro. Niemandem außer Ihnen fällt Ihre seltsame Größe auf. Und Sie passen nicht mehr durch die geöffnete Bürotür hindurch.

**Aktion** Es könnte sein, dass Sie aus Ihrem derzeitigen Arbeitsplatz herausgewachsen sind. Sind Sie bereit für größere Herausforderungen? Vielleicht ist es an der Zeit, sich um eine Stelle zu bemühen, die Ihnen intellektuell mehr abverlangt und Ihnen gleichgesinnte Kollegen bietet.

# MARATHON LAUFEN

Träume von extremen körperlichen Belastungen geben Einblick in das unbewusste Selbstbild des Träumenden. Sie können auch den Wunsch nach Zuspruch und Ruhm verkörpern. Manchmal deuten sie auf Durchhaltevermögen und Anstrengungen hin.

## SIE TRAGEN DIE FALSCHEN SCHUHE

Sie nehmen mit vielen anderen Läufern an einem Bergmarathon teil und merken plötzlich, dass Ihre Schuhe nicht für das Terrain geeignet sind. Sie lösen sich langsam auf, aber im Traum ist Ihnen das egal, Sie laufen weiter. Auch auf nackten Fußsohlen können Sie gut laufen und genießen die Aussicht. Sie erreichen das Ziel als Letzter und werden mit freundlichem Applaus empfangen.

**Aktion** Anders als die erfolgreichen Läufer haben Sie die Aussicht genossen. Was symbolisiert der Traum-Marathon? Haben Sie das Zeug dazu, eine große Verpflichtung einzugehen? Trotz der falschen Schuhe schaffen Sie die Strecke und können die Herausforderung sogar genießen.

## EIN ARBEITSMARATHON

Die Massen an Aufgaben, die Sie erledigen müssen, sind ein Albtraum, das alles ist einfach nicht zu stemmen. Sie sollen schwierige Anrufe erledigen, Tausende Wörter schreiben, die Kinder von der Schule abholen und ein Abendessen vorbereiten. Sie sind so verzweifelt und wütend, dass Sie die am nächsten stehende Person schlagen.

**Aktion** Der Traum zeugt von passiver Aggression! Überlegen Sie, wie häufig Sie sich von anderen ausnutzen lassen, die vielleicht nicht wissen, welche Probleme das auslöst. Sprechen Sie Ihre Bedenken aus, bevor Sie Ihre Wut an anderen auslassen. Finden Sie den Mut, über Ihre Überlastung zu sprechen, und zeigen Sie Ihre Wut gleich. Man wird Ihnen dafür dankbar sein, auch wenn Ihr Verhalten ungewohnt ist.

## EIN RENNEN IM SCHNEE

Sie haben sich seit Wochen auf einen Wohltätigkeitslauf vorbereitet, doch der Blick aus dem Fenster zeigt verschneite Straßen. Sie wünschen sich, Sie hätten sich nicht angemeldet. All die Trainingsstunden, in denen Sie etwas anderes hätten erledigen können! Dennoch führt der Traum Sie zur Startlinie. Nur wenige Läufer sind da. Sie starten gemeinsam und kämpfen sich zusammen voran.

**Aktion** Herzlichen Glückwunsch zu Ihrer Entschlossenheit. Trotz ungünstiger Bedingungen weiterzumachen ist ein Talent, auf das man stolz sein kann – ob beim Laufen oder bei den Herausforderungen des Alltags.

## SIE HABEN MÜHE, DIE ZIELLINIE ZU ERREICHEN

Andere Läufer überrunden Sie. Obwohl Sie das Ziel schon sehen, können Sie es nicht erreichen. Sie kriechen erschöpft in die richtige Richtung, während die Zuschauer langsam abziehen. Das Rennen ist vorbei. Da taucht ein Freund auf, hilft Ihnen auf die Füße und Sie wanken ins Ziel.

**Aktion** Achten Sie besser auf sich. Setzen Sie sich unrealistische Ziele, ohne sich vorzubereiten? Wie würden Sie sich fühlen, wenn Sie trainiert hätten und wüssten, dass Sie das Ziel sicher erreichen können – wofür der Marathon auch immer stehen mag.

» DAS STUDIUM DES TRAUMES DÜRFEN WIR ALS DEN ZUVERLÄSSIGSTEN WEG ZUR ERFORSCHUNG DER SEELISCHEN TIEFEN-VORGÄNGE BETRACHTEN. «

**SIGMUND FREUD**

*JENSEITS DES LUSTPRINZIPS (1920)*

# LEISTUNG BEI DER ARBEIT

Der Druck, im Beruf gut sein zu müssen, ist in unseren Köpfen ständig präsent. Die persönliche Leistung bestimmt, ob wir befördert werden — oder entlassen, wenn wir die Erwartungen nicht erfüllen. Unsere Träume spiegeln unsere ständige Angst wider, beleuchten manchmal aber auch Unerwartetes.

## SIE WERDEN FÜR GUTE ARBEIT GELOBT

In Ihrem Traum beobachten Sie zwei Kranken-schwestern, die einen Patienten mit Herzinfarkt wiederbeleben. Eine davon sind Sie. Der Patient kommt wieder zu sich, setzt sich auf und blickt Sie dankbar an. Das umstehende Krankenhaus-personal applaudiert den Schwestern.

**Aktion** Als eine der Krankenschwestern erhal-ten Sie die Bestätigung, dass Sie exzellente Arbeit leisten. Sie können auf die Kompetenz und Hingabe stolz sein, mit der Sie Ihre Arbeit verrichten. Vergessen Sie aber nicht, sich für Weiterbildungen und ähnliche förderliche Aktivitäten anzumelden.

## IHRE **KONZENTRATION** LÄSST NACH

Sie sind Maurer in einem Bautrupp, der ein Wohnhaus errichtet. Die Arbeit ist monoton und Sie beginnen, hübsche Muster mit den Ziegeln zu mauern. Sie sind so vertieft, dass Sie das Wasser nicht bemerken, dass durch die Löcher des Musters dringt. Zu spät erkennen Sie, dass die Stabilität des Gebäudes gefährdet sein könnte.

**Aktion** Beobachten Sie sich tagsüber einmal. Achten Sie zu sehr auf Nebensächlichkeiten? Dieser Traum ist eine Warnung. Kreativität ist gut, aber nicht, wenn Sie Ihre Arbeitsstelle oder Ihr Privatleben grundlegend gefährdet.

## IHRE **ARBEIT IST** NICHT GUT GENUG

Ihr Chef sagt Ihnen, dass Ihre Arbeit nicht den Anforderungen genügt. Sie sind überrascht, denn Sie dachten, alle seien mit Ihrer Leistung zufrieden. Man macht Ihnen klar, dass Sie gehen müssen, wenn sich das nicht bessert. Dann bietet Ihnen ein Kollege an, Ihnen zu zeigen, wie Sie Ihr Soll erfüllen können.

**Aktion** Haben Sie die Arbeit ein wenig schleifen lassen? Akzeptieren Sie, dass zwischen Ihrem Eindruck und den Erwartungen eine Lücke klafft, auch wenn Sie das anders empfinden. Der hilfreiche Kollege ist ein Teil von Ihnen. Folgen Sie Ihrer inneren Stimme.

## DIE **LANDARBEITER** SIND UNFÄHIG

Landarbeiter treiben Tiere eine Straße entlang. Zuerst scheinen sie die Schweine und Kühe unter Kontrolle zu haben, doch dann wedeln sie doch hilflos mit ihren Stöcken herum. Sie sind über diese Unfähigkeit empört. Einige Tiere sind ausgebrochen und sorgen in den umliegenden Geschäften für Chaos. Sie geben den Treibern die Schuld dafür.

**Aktion** Dieser Traum sendet eine zweideutige Botschaft. Sie sind sowohl die ausgebrochene Herde als auch ein unfähiger Treiber. Laufen Sie bei irgendetwas aus dem Ruder (wie die Tiere) oder treffen Sie unkluge Entscheidungen (wie die Treiber)? Lösen Sie den inneren Konflikt, sonst wird er schon bald Ihre Arbeitsleistung nach außen hin sichtbar beeinflussen.

# NACKT IN DER ÖFFENT-LICHKEIT

Zu den peinlichsten Situationen, die sich viele Menschen vorstellen können, zählt, in der Öffentlichkeit nackt zu sein. Doch es kann auch befreiend sein, ohne die Schutzhülle aus Kleidung gesehen zu werden. Träume über Nacktheit können mit Ängsten zu tun haben oder mit Unsicherheit.

## SIE STEHEN NACKT AUF DER BÜHNE

Sie stehen auf der Bühne, um einen Vortrag zu halten. Ihre Zuhörer fangen an, hinter vorgehaltener Hand zu flüstern, manche lachen sogar. Da bemerken Sie, dass Sie völlig nackt sind. Dennoch sprechen Sie weiter und am Ende klatscht das Publikum begeistert. Später beglückwünscht man Sie für Ihren Vortrag – nicht für Ihren Mut.

**Aktion** Nehmen Sie sich diesen Traum zu Herzen. Statt von der Bühne zu fliehen, haben Sie beherzt weitergeredet. Die Botschaft ist klar: Das Publikum war von Ihrem Vortrag so begeistert, dass es Ihnen zugehört hat, statt sich mit Ihrer Nacktheit zu beschäftigen. Ziehen Sie daraus eine Lehre für Ihren Alltag.

## SIE SCHWIMMEN NACKT IM SWIMMINGPOOL

Sie springen in einen Pool voller Menschen, die alle Badekleidung tragen. Bevor Sie auftauchen, erkennen Sie, dass alle plötzlich nackt sind. Dann sind alle wieder angezogen, nur Sie nicht. Aber Sie fühlen sich gut dabei.

**Aktion** Das Wasser steht für das Reich des Unterbewussten. Die meisten Menschen sind noch nicht dazu bereit, ihre äußeren Schutzhüllen abzulegen. Seien Sie glücklich, dass Sie bereits ein inneres Gleichgewicht zwischen Bewusstem und Unbewusstem erreicht zu haben scheinen, das Sie unbekümmert sein lässt.

## SIE GEHEN NACKT EINKAUFEN

Sie gehen nackt aus einem Geschäft auf eine belebte Straße. Ohne sich etwas dabei zu denken, laufen Sie weiter und betrachten die Schaufensterauslagen. Es macht Sie auch nicht verlegen, als Sie im Spiegelbild sehen, dass Passanten Sie anstarren. Ihnen gefällt Ihr eigenes Spiegelbild und wie befreit Sie sich fühlen.

**Aktion** Der Traum spiegelt Ihre Selbstsicherheit wider. Seien Sie stolz, dass Sie sich ohne Schutzhülle zeigen können. Sie haben psychologisch ein Stadium erreicht, in dem Sie nicht mehr das Bedürfnis haben, Ihr wahres Ich mit all seinen Fehlern und Unzulänglichkeiten zu verstecken.

## FALLSTUDIE: CONNOR

Connor war das zweite Kind in der Familie. Sein Vater war sehr streng, seine Mutter egoistisch. Stets bemühte sich Connor, den beiden zu gefallen, und lernte, seine Wut hinter Wohlverhalten zu verstecken. Alle fuhren damit gut. Auch als Erwachsener hielt er sich an diese Strategie. Zwei Ehen scheiterten, denn seine Partnerinnen mochten es nicht, dass er allein lange Spaziergänge unternahm, und beschwerten sich, er sei unangenehm unterwürfig, aber egoistisch in seiner Rücksichtslosigkeit.

Da hatte Connor einen Traum. Er stand nackt auf dem Cricket-Feld und erwartete unbekümmert den nächsten Wurf – ein Bild dafür, dass er sich der Situation nicht bewusst war. Der Ball traf ihn an der Stirn und warf ihn um. Dann hörte er die Worte: »Begreifst du es jetzt, Dummkopf?«, als ob der gezielte Wurf ihm die Botschaft ins Hirn hämmern wollte. Die Botschaft des Traums traf ihn hart.

Seine nächste Freundin nahm er mit auf die Spaziergänge, er gab sich nicht mehr so unterwürfig und wurde sogar manchmal wütend. Sie sind heute noch zusammen.

# FEHLENDE KÖRPERTEILE

Die Vorstellung, Körperteile zu verlieren, ist eine Urangst. Denn früher bedeutete dies, dass die Überlebensfähigkeit eines Menschen eingeschränkt war. Das stimmt in unserer Gesellschaft so nicht mehr, dennoch verbindet sich damit ein Gefühl der Ohnmacht.

## IHRE ARME WURDEN ABGETRENNT

Sie wachen aus einer Narkose auf und erinnern sich, warum Sie im Krankenhaus sind: Ihre Arme wurden abgetrennt. Entsetzt stellen Sie fest, dass Sie noch nicht einmal nachfühlen können, wo die Wunden sind. Sie haben keine Hände, um zu tasten. Das Gefühl der Ohnmacht überkommt sie. Sie schreien, aber niemand reagiert.

**Aktion** Was könnte hinter diesem entsetzlichen Traum stecken? Gab es in jüngerer Vergangenheit eine Situation, in der Sie sich verbal nicht verteidigen konnten, und hatten Sie Gewaltfantasien, für die Sie sich geschämt haben? Ihr Unterbewusstsein warnt davor, dass Sie Schaden nehmen könnten. Sie müssen lernen, Konflikte besser zu lösen. Wenn Reden nicht hilft, prügeln Sie doch einfach mal zu Hause auf Ihr Kissen ein.

## SIE **SCHNEIDEN SICH DIE HAARE AB**

Sie übernachten mit einer Gruppe von fremden Menschen in einer Art Jugendherberge mit Gemeinschaftsschlafräumen. Plötzlich nimmt eine Person ihre Perücke ab und enthüllt einen kahlen Schädel. Bestürzt greifen Sie zu einer Schere und schneiden sich als Zeichen der Sympathie selbst Ihre Haare ab.

**Aktion** Sie empfinden Empathie. Aber gleichzeitig sind Sie auch die kahle Person, die ihre Perücke abnimmt. Haben Sie vielleicht Angst, Ihre Haare zu verlieren, und fürchten die Reaktion anderer Menschen? Die Geste mit der Schere wirkt zunächst freundlich, die Botschaft ist aber zweideutig. Würde es der kahlen Person helfen, wenn jemand anderes sich die Haare abschneidet? Denken Sie darüber nach.

## IHNEN **FALLEN DIE ZÄHNE AUS**

Sie putzen sich die Zähne. Bestürzt sehen Sie einige ins Waschbecken fallen. Sie heben die Zähne auf und versuchen sie wieder einzukleben, aber sie fallen immer wieder heraus.

**Aktion** Was passiert gerade in Ihrem Leben, das Sie schlecht verdauen können? Steht eine größere Entscheidung an? Wägen Sie alle Möglichkeiten gut ab. Ist damit ein großes finanzielles oder emotionales Risiko verbunden, könnte der Traum eine Warnung Ihres Unterbewusstseins sein. Erstellen Sie eine Pro-und-Kontra-Liste und überdenken Sie alles. Vielleicht hilft es, ein kleineres Stück abzubeißen, sodass Sie besser kauen können.

## FALLSTUDIE: CAMERON

Cameron war Rugbyspieler und begeisterter Golfer. Eines Tages erlitt er einen Schlaganfall und sein rechter Arm war gelähmt. Auch das Gehen fiel ihm schwer, da sein rechtes Bein ebenfalls betroffen war. Nach der Reha konnte er sein Bein jedoch wieder etwas besser benutzen. Dass Cameron die Kraft in seinem rechten Arm verloren hatte, belastete ihn sehr. Schreiben, Autofahren oder Golf spielen konnte er nicht mehr. Dadurch verlor er fast all seine Sozialkontakte und versank in einer Depression.

Eines Nachts träumte er sein Leben im Rückblick: mutiger Kriegspilot, Vater von fünf Kindern aus zwei langen Ehen (seine erste Frau war gestorben) und umtriebiger Lehrer. Doch im Traum war er völlig gelähmt: Beim »Betrachten« seiner Lebensgeschichte wurde ihm zu seinem Entsetzen bewusst, dass er sich überhaupt nicht bewegen konnte. Als er aufwachte, wurde ihm sehr bewusst, dass jetzt ja nur sein rechter Arm betroffen war, es hätte ganz anders kommen können. Der Traum half ihm, seine Situation anzunehmen.

# VERLORENE GELDBÖRSE

Eine Geldbörse oder Brieftasche enthält nicht nur Geld und Bankkarten, sondern auch Ausweis, Führerschein, Mitgliedskarten und häufig Erinnerungsstücke. Wer sie verliert, verliert auch einen Teil der eigenen Identität. Das wirkt sich auch auf die Psyche aus. Der Traum von der verschwundenen Geldbörse oder Brieftasche spiegelt die Angst, sich selbst zu verlieren.

## IHRE **GELDBÖRSE GEHT AUF REISEN VERLOREN**

Sie sind auf einer Zugreise und werden unterwegs gebeten, Ihren Fahrschein vorzuzeigen. Sie greifen nach Ihrer Geldbörse, aber sie ist verschwunden. Sie suchen in allen Taschen, aber sie ist fort. Kein Fahrschein, kein Geld. Erschrocken wachen Sie auf.

**Aktion** Sie möchten neue Orte erkunden und sehnen sich nach einem Urlaub. Aber Ihr Traum deutet an, dass Sie nicht alles durchdacht haben. Bedenken Sie bei Veränderungen auch immer die finanzielle Seite. Ihr »Fahrschein« steht für alle Eventualitäten, die mit Veränderungen zusammenhängen. Sollten Sie einige Dinge noch einmal durchdenken?

## SIE **WOLLEN FREUNDSCHAFT KAUFEN**

Sie sitzen allein in einer Bar in einer fremden Stadt. Eine große Gruppe von Menschen kommt hinein und alle bestellen Drinks. Um sich beliebt zu machen und Freunde zu finden, geben Sie eine Runde aus. Als der Barkeeper sagt, was das kostet, greifen Sie nach Ihrer Geldbörse. Entsetzt stellen Sie fest, dass sie nicht da ist. Die anderen nehmen ihre Gläser, trinken und unterhalten sich. Niemand beachtet Sie mehr.

**Aktion** Freundschaft kann man nicht kaufen. Die Personen in der Gruppe haben ihre eigenen Pläne und ihre eigenen Freunde. Niemand beachtet Sie in Ihrer Verzweiflung. Niemand bietet an, die Zeche zu bezahlen. Im echten Leben muss man manchmal warten, bis sich wahre Freunde zeigen – oder man bietet anderen in einer unangenehmen Lage, wie beispielsweise im Traumszenario, Hilfe an.

## SIE **KÖNNEN IHREN EINKAUF NICHT BEZAHLEN**

Sie machen einen Großeinkauf und wählen nur teure Produkte aus. An der Kasse packen Sie alles ein, Ihre Taschen stehen schon bereit. Sie müssen nur noch bezahlen, aber Ihre Geldbörse mit dem ganzen Geld und allen Karten ist weg. Beschämt sehen Sie zu, wie ein Verkäufer Ihre Taschen wegträgt. Auch er ist peinlich berührt.

**Aktion** Was hat diesen Traum ausgelöst? Geben Sie Geld aus, das Sie nicht haben? Im Traum können Sie vermeintlich kaufen, was Sie sich wünschen – aber ist es das, was Sie wollen? Sie zahlen am Ende vielleicht einen hohen Preis. Ihr Unterbewusstsein zeigt Ihnen, wie peinlich eine solche Einkaufstour enden kann. Sparen Sie lieber erst und kaufen Sie nur, was Sie sich auch leisten können.

» ICH TRÄUME VOM MALEN
UND DANN MALE ICH
MEINEN TRAUM. «

**VINCENT VAN GOGH**

*DIE BRIEFE*

# GEPÄCK, DAS ZURÜCKBLEIBT

Gepäck zu verlieren, ist unangenehm und lästig. Um weiterreisen zu können, müssen wir unter Umständen unsere Schritte zurückverfolgen oder Geld für Dinge ausgeben, die wir eigentlich schon besitzen. Im Traum kann das Zurücklassen von Gepäck etwas Positives bedeuten, wenn wir uns so von einer Last befreien.

## SIE LASSEN IHR GEPÄCK ZURÜCK

Im Traum sehen Sie, wie Sie die Eingangstür eines Hauses abschließen, und Sie wissen, dies ist das letzte Mal. Die Probleme sind gelöst. Ihre Ängste und Sorgen liegen hinter Ihnen. Sie lassen Ihr emotionales Gepäck in diesem Haus zurück.

**Aktion** Dieser Traum taucht in vielen Lebenssituationen auf, z. B. am Ende einer Beziehung, beim Verlassen der Heimat oder auch am Ende einer Therapie. Zu wissen, zu welchem Zeitpunkt man gehen sollte, ist ein wichtiger Entwicklungsschritt. Seien Sie glücklich, dass Sie Ihren Weg nun ganz für sich fortsetzen können.

## DER KOFFER BLEIBT AUF DEM BAHNSTEIG ZURÜCK

Als der Zug anfährt, bemerken Sie, dass Ihr Koffer noch auf dem Bahnsteig steht. Darin ist Ihre Lieblingskleidung und die Rede, die Sie am Zielort halten sollen. Sie geraten aber nicht in Panik, sondern zucken die Schultern und bestellen sich einen Kaffee.

**Aktion** Sie haben gelernt mit den Unwägbarkeiten des Lebens umzugehen. Sie werden eine Rede improvisieren und welche Kleidung Sie tragen, ist unerheblich. Gratulieren Sie sich zu der Erkenntnis, dass Wissen und Erfahrung das ist, was zählt.

## SIE VERGESSEN IHR URLAUBSGEPÄCK

Sie und Ihr Partner streiten darüber, was Sie für den Urlaub einpacken wollen. Das Taxi kommt und Sie eilen zum Flughafen. Zu spät bemerken Sie, dass das Gepäck noch zu Hause steht. Sie verpassen den Flug, weil Sie es holen müssen, und verlieren einen wertvollen Urlaubstag.

**Aktion** Oft streiten wir über Belanglosigkeiten. Wenn Sie sich im Traum über die verlorene Zeit ärgern, lernen Sie daraus und überlegen Sie, was wichtig ist. Kommt es wirklich darauf an, wer was in den Koffer packt? Versuchen Sie, die Wünsche und Marotten des anderen zu akzeptieren.

# NICHT ERWÜNSCHT

Niemand ist gerne überflüssig. Das Wort ist durch und durch negativ besetzt. Wir können bei der Arbeit unerwünscht sein oder auch beim Sport oder einem Ausflug, wenn die Anzahl der Plätze nicht reichen. Das hat nicht immer persönliche Gründe. Dennoch schmerzt es, weil es bedeutet, dass man nicht gebraucht wird.

## EIN ROBOTER SITZT AN IHREM PLATZ

Als Sie nach dem Urlaub zur Arbeit kommen, hat ein Roboter Ihren Platz eingenommen, er erledigt Ihre Arbeit sehr effizient. Sind Sie etwa in Abwesenheit entlassen worden? Sie gehen zu Ihrem Chef, der Ihre schlimmste Befürchtung bestätigt.

**Aktion** Dieser Traum spiegelt die Angst vieler Menschen wider. Zu häufig hört man, dass jemandem gekündigt wurde, als er am wenigsten damit gerechnet hat. Der Traum zeigt aber nur Ihre Ängste. Fragen Sie sich aber vielleicht, ob Sie technologisch ausreichend mit der Zeit gehen. Die Entwicklung verläuft rasant. Wenn Sie nicht eines Tages mit einem Roboter konkurrieren möchten, bilden Sie sich fort.

## SIE BEKOMMEN
## DIE KÜNDIGUNG

Sie lesen: »Leider sehen wir uns gezwungen, Ihren Arbeitsvertrag zu kündigen …«. In Ihrem Traum stürzt die Welt um Sie herum ein. Dass Sie ihren Arbeitsplatz verloren haben, erfüllt Sie mit großer Scham. Und schon stapeln sich die Rechnungen. Am Ende des Monats werden Sie sich nichts mehr zum Essen kaufen können.

**Aktion** Seien Sie dankbar, dass das nur im Traum passiert ist. Aber es werden immer wieder Menschen entlassen, damit müssen wir umgehen. Sie können sich vorbereiten und überlegen, was Sie in einer solchen Situation tun würden. Sprechen Sie mit Ihrer Familie, was sich ändern müsste. Vielleicht trifft es Sie nie! Aber der Traum zeigt nicht nur Ihre Ängste, sondern ist eine Warnung, dass es jeden treffen kann. Machen Sie sich klar: Jobverlust ist keine Schande. Sehen Sie ihn eher als unerwartete Chance.

## SIE WOLLEN
## UNENTBEHRLICH SEIN

Sie bemühen sich sehr um Ihre Kollegen, Sie hasten im Traum hin und her, um ihnen Lasten von den Schultern zu nehmen. Sie sind stolz auf Ihre Großzügigkeit und genießen die Dankbarkeit der anderen, doch Sie fühlen sich unglücklich, weil Ihr Arbeitgeber Ihr Engagement noch nicht bemerkt zu haben scheint. Sie arbeiten mehr als notwendig und das alles erschöpft Sie. Dann folgt der Paukenschlag: Sie werden entlassen.

**Aktion** Wollen Sie sich unverzichtbar machen, weil Sie Angst davor haben, entlassen zu werden? Auch wenn Sie bei der Arbeit engagiert sind, bei einer Entlassung geht es gar nicht immer um Leistung. Manchmal sind Sparmaßnahmen unvermeidbar. Und: Ein neuer Job kann sich als gute Chance für Sie entpuppen.

# VERLOREN-HEITSGEFÜHL

Wenn wir uns im Traum verloren fühlen, durchleben wir unsere Urangst, allein zu sein. Dieses Gefühl ist immer gleich stark, ob der Traum in der Stadt, im Wald oder in der Wüste spielt. Im Wachleben schreit das Baby, wenn es Hunger hat. Bei Erwachsenen geht es eher um das emotionale Überleben.

## IN DER MENGE VERLOREN

Tausende Menschen sind bei einem Fußballspiel im Stadion. Zuerst ist der Traum spannend, doch dann schlägt die Stimmung um. Die Zuschauer beginnen, sich zu prügeln, und viele drängen nach vorn, um das Geschehen zu sehen. Sie werden mitgerissen, verlieren Ihre Freunde aus den Augen und fühlen sich fürchterlich verlassen.

**Aktion** Warum glauben Sie, Ihre Freunde würden Sie verlassen, obwohl sie nichts dafür können, dass Sie mitgerissen werden? Wenn Sie im Wachleben schnell enttäuscht sind, betrachten Sie die Dinge aus der Sicht der anderen. Weisen Sie anderen zu schnell Schuld zu?

## VERLOREN IM SUPERMARKT

Sie sind wieder Kind, stehen im Supermarkt und weinen vor Angst. »Wo ist meine Mama? Ich will zu meiner Mama!«, rufen Sie und suchen die Gänge ab. Sie sind sich sicher, dass Ihre Mama Sie verlassen hat. Fremde versuchen, Sie zu trösten, aber Ihnen ist klar: Sie werden Ihre Mutter nie wiedersehen.

**Aktion** Warum träumen Sie diesen klassischen Kindertraum jetzt? Läuft in Ihrer aktuellen Beziehung und in Ihren Freundschaften alles rund? Kindheitstraumata wirken in uns weiter bis ins Erwachsenenleben. Denken Sie aber daran, dass Ihre Mutter Sie stets wiedergefunden hat und dann war alles gut.

## AUF **SEE VERSCHOLLEN**

Der Ozean ist still. Es geht kein Wind, die Segel hängen schlaff herab. Panik steigt in Ihnen auf. Sie sind auf dem Meer verschollen und niemand weiß, wo Sie sich befinden. Sie wünschen sich, Sie hätten auf die Warnungen erfahrener Segler gehört.

**Aktion** Sie lieben riskante Unternehmungen? Lassen Sie sich diesen Traum eine Warnung sein. Risiken einzugehen und dabei andere Menschen zu gefährden ist unverantwortlich. Auf See verschollen zu sein kann auch eine Metapher für emotionale Hilflosigkeit sein, für ein fehlendes Gleichgewicht zwischen innerer und äußerer Welt oder für gedankenloses Verhalten.

# OHNE SCHUHE

Wer im Traum barfuß läuft, macht vielleicht einfach einen schönen Spaziergang über eine Wiese oder einen Sandstrand. Schuhlosigkeit kann aber auch von dem Widerwillen zeugen, in die Welt hinauszugehen. Ein solcher Traum kann die Angst vor Herausforderungen, denen man sich nicht gewachsen fühlt, unterstreichen. Dahinter könnte eine unterbewusste Weigerung stecken, sich einer beängstigenden Situation auszusetzen.

## SIE GEHEN BARFUSS

An einem wunderbaren Sommertag laufen Sie durch einen Park. Plötzlich sehen und hören Sie eine Explosion. Menschen fliehen vor der Gefahr aus dem Park. Aber Sie gehen weiter, neugierig, was passiert ist. Dann bemerken Sie, dass Sie barfuß sind. Scharfe Metallstücke und brennende Trümmer liegen auf dem Weg und Ihre Füße sind schwer verletzt.

**Aktion** Wenden sich gerade in Ihrem Leben viele Dinge zum Schlechten? Ihre Neugierde hat Sie in die falsche Richtung geführt und Sie zahlen nun dafür. Lernen Sie, Ihre Impulse besser zu beherrschen und geduldiger zu sein. Am Ende wird sich alles auflösen.

## SIE HABEN IHRE SCHUHE VERLOREN

Man hat Ihnen eine neue Stelle angeboten und im Traum bereiten Sie sich auf den ersten Arbeitstag vor. Sollen Sie sich frisieren lassen? Was werden Sie anziehen? Welche Schuhe wollen Sie tragen? Wo sind eigentlich Ihre Schuhe? Sie suchen verzweifelt, finden aber keinen einzigen Schuh. Resigniert nehmen Sie das als Grund, zu Hause zu bleiben.

**Aktion** Der Traum spricht von Ihrer Angst, sich eine neue Arbeit zu suchen. Er zeigt, dass Sie sich selbst sabotieren und keine berufliche Veränderung zulassen. So legt er Ihre zögerliche Haltung offen. Ersetzen Sie Ihr Zögern durch Mut.

## SIE MÖCHTEN IHRE SCHUHE NICHT AUSZIEHEN

Sie besuchen einen Tempel und sehen die Schuhe anderer Menschen aufgereiht dastehen: Sandalen, Stiefel, Slipper. Sie wollen Ihre Schuhe aber nicht ausziehen, obwohl man Sie höflich darum bittet. Jemand könnte sie stehlen!

**Aktion** Sind Sie sehr besitzergreifend? Fällt es Ihnen schwer zu vertrauen? Haben Sie oft Angst, etwas zu verlieren, wo andere gelassen vertrauen können, wie hier die anderen Tempelbesucher? Klammern Sie sich nicht zu sehr an Besitz. Was Ihnen zusteht, kommt zu Ihnen, seien es Schuhe oder vielleicht eine neue Beziehung.

# BEISETZUNGEN

Beerdigungen sind ein schweres Thema, vor allem, wenn eine geliebte Person gestorben ist. In der Traumwelt können Beisetzungen aber auch positive Inhalte vermitteln. Sie sind zwar mit Tod und Wandel assoziiert, bedeuten im Traum aber selten das Sterben, sondern künden von Veränderung.

## IHRE EIGENE BEERDIGUNG

Sie träumen, dass Sie Ihr eigenes Grab schaufeln. Als Sie fertig sind, werden Sie von einer Horde wütender Frauen ermordet und ins Grab gelegt. Dann bedecken sie Sie mit Erde und wollen Sie zurücklassen. Seltsamerweise haben Sie das Gefühl, die Frauen waren zu Recht wütend und hatten einen guten Grund, Sie zu begraben.

**Aktion** Das ist ein Traum, in dem Ihr Unterbewusstsein Sie auf einen Aspekt Ihrer Persönlichkeit aufmerksam macht, den Sie ignorieren. Vernachlässigen Sie vielleicht Ihre feminine, weichere, intuitivere Seite? Sind Sie übermäßig stolz auf Ihre maskuline Durchsetzungskraft? Ob Mann oder Frau, bei beiden sollten männliche und weibliche Anteile der Persönlichkeit im Gleichgewicht sein. Nehmen Sie die Traumbotschaft an und pflegen Sie auch Ihre weiblichen Qualitäten.

## EIN SCHMETTERLING NACH DER BEISETZUNG

In Ihrem Traum halten Sie sich nach dem Trauergottesdienst auf dem Friedhof hinter der Kirche auf. Sie sehen, wie Verwandte und Freunde am Grab stehen. Auch Sie fühlen den Verlust schwer. Sie können sich ein Leben ohne den geliebten Menschen nicht vorstellen. Als die anderen Trauergäste schon gegangen sind, sehen Sie plötzlich einen Schmetterling über dem Grab flattern.

**Aktion** Der Schmetterling ist das Symbol für Wiedergeburt. Er schlüpft aus der Puppe in ein neues Leben. Vielleicht tröstet es Sie, wenn der Traumschmetterling dies andeutet: Es ist ein wunderschönes Bild und dieser Traum ist ein Teil von Ihnen. Millionen von Menschen glauben an ein Leben nach dem Tod.

# BEERDIGUNG **EINES PROMINENTEN**

In Ihrem Traum ist eine berühmte Person verstorben, die Sie immer bewundert haben, und Sie sehen sich die Berichterstattung im Fernsehen an. Beim Anblick des blumenbedeckten Sarges weinen Sie, weil der Mensch für immer gegangen ist. Sie wachen auf und weinen immer noch – und Ihnen fällt ein, dass der Prominente nicht tot ist.

**Aktion** Die berühmte Person steht für Eigenschaften, die Sie gerne hätten. Der Traum handelt also nicht von der Trauer um jemanden, sondern um Eigenschaften oder Fähigkeiten, die Sie nach Ihr eigenen unbewussten Überzeugung nicht mehr erlangen können. Sie haben sie vielleicht sogar, aber Ihnen fehlt das Selbstvertrauen, dies zu erkennen. Wofür bewundern Sie den Prominenten? Könnte es sein, dass Sie ein wenig so sind wie diese Person? Glauben Sie mehr an sich selbst und seien Sie stolz auf Ihre Qualitäten.

# VERSTORBENE HAUSTIERE

Haustiere leben leider vergleichs-
weise kurz und so sterben sie meist
vor ihren Besitzern. Jedes Tier hat
einen eigenen Charakter, wird
geliebt und schenkt Liebe. Sie sind
uns ganz nah. Es kann also nicht ver-
wundern, dass wir um unsere geliebten Haustiere tief trauern, wenn sie
gehen müssen. Oft kommen sie
aber in Träumen mit wichtigen
Botschaften zu uns zurück.

## FRÜHER **TOD EINES KANARIENVOGELS**

Sie träumen von einem toten Kanarienvogel. Er scheint vorzeitig gestorben zu sein. Hat er etwas Giftiges eingeatmet oder gefressen? Sie legen den Vogel behutsam in einen Karton, um ihn im Garten zu begraben.

**Aktion** Suchen Sie das Haus nach Schimmel ab. Die Sporen können gesundheitsgefährdend sein. Überprüfen Sie auch die Batterie des Kohlenmonoxidmelders, falls Sie einen besitzen. Ob durch die Erinnerung an ein totes Haustier oder die Tagesnachrichten ausgelöst, sehen Sie den Traum als hilfreiche Warnung.

## IHR **HAUSTIER KEHRT HEIM**

Sie träumen von Ihrem Haustier, das vor Monaten verstorben ist. Voller Freude kommt es zu Ihnen nach Hause. Überglücklich breiten Sie die Arme aus, heben es hoch und streicheln es. Plötzlich ist der Traum vorbei. Ihr geliebter Gefährte ist erneut von Ihnen gegangen.

**Aktion** Freuen Sie sich über das Wiedersehen. Zwar schmerzt der Verlust sehr, aber erinnern Sie sich lieber an die Zuneigung, die Sie während ihrer gemeinsamen Zeit verband. Sie bleibt erhalten, genau wie Energie nicht vergeht.

## EIN **HEILSAMER MITTERNACHTSBESUCH**

Im Traum hören Sie nachts ein Kratzen an der Tür – wie von einem Tier, das hereingelassen werden möchte. Sie steigen aus dem Bett und öffnen vorsichtig die Tür. Draußen steht ein Hund, der eigentlich tot ist. Aber da ist er, gesund und lebendig.

**Aktion** Häufig suchen verstorbene Haustiere Menschen auf, die Beistand brauchen. Fühlen Sie sich unglücklich oder krank? Hat der nächtliche Besuch Ihnen gutgetan, dann sehen Sie ihn als Unterstützung. Seien Sie dankbar, dass der Hund im Traum Ihre Bedürfnisse erkannt und sich im Traum um Sie gekümmert hat.

# HAUSTIERE

Manchmal stehen Tiere in unseren Träumen für uns selbst oder für einen Aspekt unserer Persönlichkeit. So symbolisiert ein Pferd etwa Macht und Sexualität, während eine Maus Schüchternheit repräsentiert. Haustiere sind gezähmt. Träume von ihnen können uns verraten, was in uns gezähmt wurde oder vielleicht gezähmt werden sollte.

## EINE KANINCHENFLUT IM HAUS

Zahme Kaninchen sind ins Haus gekommen. Zuerst lachen Sie über ihre Spielchen und finden die flauschigen kleinen Wesen niedlich. Dann sehen Sie, dass ein Weibchen Junge bekommen hat. Fasziniert sehen Sie zu. Doch dann werden überall Junge geboren, ein wahre Geburten-explosion findet statt. Das finden Sie nicht mehr lustig und Sie sammeln wütend Tiere ein, um sie nach draußen zu bringen, wo sie hingehören.

**Aktion** Was in Ihrem Leben wird immer mehr? Sind Ihre Ausgaben aus dem Ruder gelaufen? Haben Sie Schulden und die Zinszahlungen wachsen Ihnen über den Kopf wie die Kanin-chenflut? Dann nehmen Sie den Traum ernst. Das Ganze fing harmlos und lustig an, uferte dann aber aus und eskalierte weiter, bis Sie von der Last erdrückt wurden. Lernen Sie, Ihre Gewohnheiten im Zaum zu halten.

## SIE WOLLEN IHREN HUND BESCHÜTZEN

Sie gehen im Traum mit Ihrem Hund spazieren. Ein lautes Geräusch erschreckt Sie beide. Instinktiv versuchen Sie, ihn zu schützen. Panisch und zu Tode geängstigt will er aber nur weg und schnell fliehen. Als Sie aufwachen, tut es Ihnen leid, dass Sie seine Fähigkeiten, sich selbst zu schützen, nicht respektiert haben.

**Aktion** Instinkt ging im Traum vor Sicherheit. Bedenken Sie immer, dass auch Haustiere ihren Instinkten folgen. Können Sie selbst zu Ihrer intuitiven Seite stehen, die nicht unnötig beschützt werden möchte? Seien Sie stolz auf Ihr unabhängiges Wesen. Lassen Sie es von anderen nicht einschränken.

## SIE HABEN IHREN HUND VERNACHLÄSSIGT

Abfall und ungespültes Geschirr stapeln sich und Sie laufen den ganzen Tag im Schlafanzug herum. Im Traum sind Sie müde und gelangweilt. Ihr Hund, hungrig und vernachlässigt, versucht, Ihre Aufmerksamkeit zu erhaschen. Entsetzt wachen Sie auf. Sie würden ihn nie schlecht behandeln wollen!

**Aktion** Der Traum spricht von Verwahrlosung. Fragen Sie sich, ob Sie sich selbst vernachlässigen. Stehen das Chaos und die Antriebslosigkeit im Traum vielleicht für Ihr Gefühlsleben? Nach außen mag bei Ihnen alles ordentlich sein und Sie arbeiten hart. Aber Ihr Unterbewusstsein zeigt ein anderes Bild. In Ihrer Innenwelt leiden Sie wie der Hund im Traum, der einen Teil von Ihnen repräsentiert. Schenken Sie Ihrer Seele mehr Aufmerksamkeit und pflegen Sie sie.

» DIE TRAUMDEUTUNG ABER IST DIE VIA REGIA ZUR KENNTNIS DES UNBEWUSSTEN IM SEELENLEBEN. «

**SIGMUND FREUD**

*DIE TRAUMDEUTUNG* (1900), GW II/III, S. 613

# PFERDE

Pferde begleiten uns Menschen schon seit langer Zeit als Last-, Reit- und Arbeitstiere. Sie sind ein wichtiger Teil der Menschheitsgeschichte. Durch den technologischen Fortschritt hat sich ihre Rolle geändert, heute dienen sie vorwiegend als Reittiere und leisten wertvolle Dienste in der noch neuen Pferdetherapie. In Träumen sind sie kraftvolle Symbole.

## EIN PFERD ÄNDERT SEINE FARBE

Es erstaunt Sie, Pferde zu sehen, die wie ein Chamäleon anscheinend ganz nach Lust und Laune die Farbe wechseln können. Sie sind völlig verblüfft, wie den Pferden das gelingt, finden diese Unberechenbarkeit aber auch verstörend.

**Aktion** Der Traum scheint eine Warnung zu beinhalten. Was in Ihrem Leben ist derzeit unberechenbar? Hat das Traumbild für Sie eine Bedeutung? Gibt es eine Person oder eine Situation, die sich als völlig anders herausstellen könnte als erwartet? Seien Sie auf der Hut und glauben Sie nicht alles, was Sie sehen. Lassen Sie sich nichts vom Pferd erzählen!

## FLUG **DURCH DIE WOLKEN**

Sie sitzen ohne Sattel auf dem Rücken eines Zauberpferds und fliegen mit ihm durch die Wolken. Es ist wunderbar dort oben und Ihr Ross fliegt auf und ab. Wie Pegasus tragen seine großen, gefiederten Flügel Sie durch die Luft. Dieser wunderbare Ritt erfüllt Sie mit Glück.

**Aktion** Nehmen Sie diesen Traum als spirituelle Botschaft, als flüchtigen Blick in eine mystische Welt. Pegasus wurde für seine treuen Dienste unsterblich gemacht: Zeus verwandelte ihn in ein Sternbild. Seien Sie dankbar für den Ritt durch die Sterne auf diesem schönen Pferd. Der Traum soll Sie ermutigen. Durch ihn bekommen Sie Anerkennung für Ihre alltäglichen Bemühungen.

## EIN **AUFREGENDER RITT**

Sie reiten auf einem tollen Jagdpferd und genießen es, dieses mächtige Tier unter sich zu haben. Das Pferd springt völlig mühelos über Tore und Zäune. Ihr ganzer Körper kribbelt vor Begeisterung für seine Kraft und wie im Rausch lassen Sie sich von der Herrlichkeit des Pferdes mitreißen.

**Aktion** Dieser sexuelle Traum ist voller ursprünglicher Energie und Erregung. Sind Sie Pferd oder Reiter? In der Komplexität der Traumwelt ist beides möglich, aber der Träumende sehnt sich eindeutig nach einer sexuellen Begegnung. Aber Vorsicht, eine sexuelle Begegnung im wahren Leben reicht vielleicht an den Traum nicht heran. Oder Sie sind dank Ihrer überschüssigen Energie zu erdrückend. Kanalisieren Sie Ihre Energie, um Ihr Liebesleben zu verbessern.

# WILDE TIERE

Sie leben in Dschungeln, Sümpfen, Savannen und an Berghängen. Vom Menschen ungezähmt streifen sie frei durch die Natur. Im Traum kann der Überlebenstrieb wilder Tiere symbolhaft für gesellschaftlich nicht akzeptable Dinge stehen, die sich in den tiefen Regionen unserer Innenwelt verstecken.

## WÜTENDE LÖWEN BRÜLLEN

Sie sehen eine grasende Herde, die alarmiert die Köpfe hebt, und einen Löwen, der seinen schattigen Platz auf einem Hügel verlässt. Ein junger Löwe nähert sich dem Gebiet des ansässigen Rudels. Es folgt ein fürchterlicher Kampf, als der Eindringling zu nah kommt. Beim Aufwachen hören Sie immer noch das Kampfgebrüll – und sind seltsamerweise wütend.

**Aktion** Träumen Sie den Traum weiter. Was passiert? Welcher Löwe überlebt? Der alte dominante Löwe oder der junge Eindringling? Welcher Löwe steht für Sie, welcher ist Ihnen sympathisch? Zeigt eines der Tiere vielleicht einen instinktgesteuerten Teil von Ihnen? Gab es in Ihrem Leben Situationen, in denen Sie lieber gebrüllt hätten, dann aber doch geschwiegen haben? Gehen Sie Ihre Zukunft mit Löwenmut an.

## WILDE TIERE IM GARTEN

Sie sind in einem unbekannten Haus und sehen durch die großen Fenster einige Haustiere im Garten. Sie gehen hinaus, um sie zu streicheln, doch plötzlich sind es keine Haustiere mehr, sondern wilde Tiere. Erschrocken fliehen Sie ins Haus zurück, erleichtert, dass Sie den Fehler bemerkt haben, bevor etwas passiert ist.

**Aktion** Sind Sie manchmal zu vertrauensselig anderen gegenüber und öffnen sich, bevor Sie sie wirklich kennengelernt haben? Gehen Sie mit guten Absichten auf andere zu und werden später oft enttäuscht? Ihr Unterbewusstsein deutet in diese Richtung. Trainieren Sie, Menschen genauer zu beurteilen und Gefahren zu erkennen, bevor Sie zu Schaden kommen.

## FALLSTUDIE: MILLIE

Als Studentin überlegte Millie, ob sie in den langen Semesterferien nach Südafrika reisen und sich einen Job suchen sollte. Aber sie zögerte, denn sie hatte Angst vor dem unbekannten Land. Ein Traum half ihr, sich zu entscheiden. Darin lief sie durch einen großen Garten, sie wusste, sie war in Südafrika. Als sie zum Tor eines Wildparks kam, stieß sie es auf. Ein riesiger Löwe schoss mit gefletschten Zähnen auf sie zu, bereit sie zu zerfleischen.

Eine Stimme in ihr sagte: »Keine Angst, große Löwen werden zu kleinen Löwen.« Sie hörte auf das, was die Stimme sagte, und sah, wie der Löwe zögerte. Wie von Zauberhand teilte er sich in zwei Löwen, dann in vier, und so weiter. Das Löwenrudel stürzte immer wieder auf Millie zu, aber sie vertraute auf den Rat ihrer inneren Stimme und wich nicht zurück. Da verwandelten sich die Löwen plötzlich in 16 harmlose Löwenkinder und die Gefahr war vorüber. Millie wachte auf und buchte ihren Flug.

# REPTILIEN

Ob harmlos oder giftig, Reptilien zählen eher nicht zu den Kuscheltieren. Sie erscheinen als urzeitliche Boten in unseren Träumen. Denken Sie nur an die Schlange in der Bibel oder am Äskulapstab, dem Symbol der Heilkunde. Reptilien können einerseits töten und andererseits heilen.

## EIN ALLIGATOR AUF DER STRASSE

Sie gehen eine einsame Straße entlang, glücklich an der frischen Luft zu sein. Plötzlich hören Sie ein Rascheln im Gebüsch. Sie denken an einen Vogel, der Würmer sammelt. Doch das Rascheln wird sehr laut, plötzlich springt ein Alligator aus dem Gebüsch und starrt Sie an. Er ist deutlich gestresst und tut Ihnen leid.

**Aktion** Spiegelt der Traum Ihre Gefühle? Fühlen Sie sich etwa in einer Situation gefangen und führen ein Leben, dass Ihnen nicht wirklich entspricht? Sollten Sie nicht sofort etwas ändern können, nehmen Sie den Traum als Aufforderung und warten Sie auf den richtigen Moment.

## BEDROHUNG MIT GESPALTENER ZUNGE

Ein riesiger Waran läuft über einen Pfad. Seine lange, gespaltene Zunge schießt vor und zurück, während Sie zusehen, wie er nach Beute sucht. Sie sind froh, nicht auf dem Pfad zu sein, werden ihm also nicht direkt begegnen. Dennoch finden Sie das große Tier beunruhigend.

**Aktion** Die Redewendung »mit gespaltener Zunge sprechen« impliziert Heuchelei und Verrat. Sagen Sie vielleicht gelegentlich nicht die Wahrheit – und sei es nur, um die Gefühle anderer nicht zu verletzen? Manchmal scheint dieses Verhalten richtig zu sein, aber es ist nicht ehrlich. Überlegen Sie, wie Sie vielleicht ohne Hintergedanken behutsam ehrlich sein könnten.

## EIN **SCHUTZTIER**

Entsetzt sehen Sie, wie eine große Schlange auf Sie zu gleitet. Sie erstarren vor Angst, aber die Schlange zieht sich weit ins Zimmer zurück. Da die direkte Gefahr vorbei zu sein scheint, drehen Sie sich um. Sie sehen, dass die Schlange sich hinter Ihnen eingerollt hat, als ob sie Sie beschützen wollte. Da spüren Sie die Liebe der Schlange und haben keine Angst mehr.

**Aktion** Ihr Besuch hat eine Botschaft für Sie: Der archetypische weise alte Mann oder die weise alte Frau hat die Form gewechselt und überbringt eine gute Botschaft. Sie besagt: Das, wovor Sie am meisten Angst haben – im Traum die Schlange – ist harmlos und beschützt Sie sogar. Nehmen Sie die Botschaft an und stellen Sie sich Ihren Ängsten.

# INSEKTEN

Insekten sind kleine Tiere, daher ist es erstaunlich, wie sehr wir sie als Krabbelgetier fürchten. Bisse, Stiche und Plagen sind uralte Schreckgespenste. In unseren Träumen tauchen Insekten in allen Größen und Formen auf. Sie scheinen einen unserer Urinstinkte anzusprechen und warnen vor Gefahren.

### EINE SPINNE SCHLÄGT ZU

Im Traum kommt eine riesige Spinne aus ihrem Versteck und inspiziert ihr Netz, das sie zum Beutefang gespannt hat. Dann wartet sie im Schatten. Die Vorstellung, dass ein Beutetier unvorsichtig in die fein gesponnene Falle tappt, lässt Sie erschaudern. Dann passiert es: Die Spinne schlägt zu und zieht ihre Beute mit sich in ihr dunkles Versteck.

**Aktion** Ihr Unterbewusstsein hat dieses unschöne Bild gewählt, damit Sie sich entweder einer unangenehmen Erfahrung in der Vergangenheit oder Ihren Ängsten stellen. Stalker verhalten sich wie Spinnen, ebenso Sexualtäter. Lassen Sie sich von diesem Traum nicht ängstigen, sondern seien Sie dankbar dafür. Vertrauen Sie sich einem Freund oder Therapeuten an.

### VON EINER ZECKE GEBISSEN

Im Traum wandern Sie durch wunderbares hohes Gras. Die Zecke, die irgendwann auf Ihrem Schenkel auftaucht, erscheint nebensächlich. Doch dann sehen Sie, wie die Zecke immer dicker wird, bis sie sich voll Blut gesaugt hat und so dick ist wie ein Basketball. Sie ekeln sich, können sie aber nicht entfernen. Das erinnert Sie an ein Gefühl, dass Sie in letzter Zeit hatten.

**Aktion** Gibt es jemanden, der sie physisch oder emotional aussaugt? Viele Menschen stützen sich unbewusst auf uns, andere nutzen unsere Energie bewusst aus und laugen uns aus. Der Zeckenbiss ist eine Metapher für etwas, das in Ihrem sozialen Umfeld mit Ihnen geschieht. Seien Sie mehr auf der Hut. Es geht nicht um Ihre körperliche, sondern um Ihre geistige oder spirituelle Gesundheit. Wählen Sie Ihre Freunde mit Bedacht.

## MARIENKÄFER **ÜBERWINTERN** IM SCHLAFZIMMER

Im Traum befinden sich unzählige Marienkäfer in Ihrem Schlafzimmer und vermehren sich mit jeder Minute. Sie sind in Ihrem Bett und auf Ihrem Gesicht. Es handelt sich nicht um die hübschen Marienkäfer, die wir kennen, sondern um unwillkommene Gäste. Aus Angst, sie könnten in Ihren Mund fliegen, wagen Sie nicht zu schreien.

**Aktion** Werden Sie von menschlichen Besuchern überrannt und wünschen sich, Sie hätten deutlichere Zeitgrenzen gesetzt? Sind Sie vielleicht zu weichherzig? Seien Sie gewarnt: Manche Menschen überstrapazieren Gastfreundschaft. Setzen Sie feste Termine und seien Sie freundlich, aber resolut.

# MADEN IM OBST

Äußerlichkeiten können täuschen, das gilt für saftig aussehendes Obst genauso wie für charmante Fremde. Wann immer sich hinter einer hübschen Fassade etwas zu verbergen scheint, sollten bei uns die Alarmglocken läuten. Unsere Träume helfen uns dabei, kritisch zu sein.

## GESCHENK **EINES FREMDEN**

Ein charmanter Fremder schenkt Ihnen viel Aufmerksamkeit. Sie genießen sein Interesse und nehmen von ihm eine reife Frucht als Geschenk an. Als Sie hineinbeißen, sehen Sie die Maden darin. Zum Schock hinzu kommt, dass der Fremde nun anscheinend mehr von Ihnen erwartet als angemessen wäre. Sie werden misstrauisch.

**Aktion** Das Misstrauen stellt sich zu Recht ein. Denken Sie daran: Der Fremde könnte für Sie selbst oder einen Teil von Ihnen stehen. Was verbergen Sie vor sich (und anderen), das so versteckt ist wie die Maden in der Frucht? Vielleicht verleugnen Sie die dunklere Seite einer Ihrer Unterpersönlichkeiten. Mit großzügigen Geschenken Freundschaft zu gewinnen hat vielleicht bisher funktioniert, ist aber unehrlich. Ihr Unterbewusstsein sagt Ihnen, dass es an der Zeit ist, den verleugneten Persönlichkeitsteil anzuerkennen.

## SPÄTSOMMERLICHE **ERNTE**

Es ist Spätsommer und Sie sind mit Freunden in einem Obstgarten. Sie genießen die Zeit und finden noch Obst an den Bäumen. Es fühlt sich nicht nach Stehlen an, eher wie Pflücken am Wegesrand. Sie sammeln auch Fallobst, obwohl Sie wissen, dass in einigen Früchten Maden sein werden. Aber das stört keinen von ihnen.

**Aktion** Dies ist ein verspielter Traum. Er verbindet die Freuden der Kindheit mit dem Genuss, verbotene Früchte zu essen. Maden, Schimmel und weiche Stellen im Obst sind einfach Teil dieses Abenteuers: Was Sie nicht essen, werden Sie wegwerfen. Findet Ihr Unterbewusstsein, dass Sie zu ernst sind? Das Spätsommerszenario deutet es an. Als Erwachsener gibt es so viel, was man »muss«. Vielleicht sollten Sie ab und zu mal über die Stränge schlagen.

## SCHWINDEL **AM MARKTSTAND**

Im Traum wandern Sie über den Wochenmarkt mit lauter verführerischen Ständen. Ein Stand zieht Sie besonders an. Sie kaufen dort Ihr Lieblingsobst und freuen sich darauf, es später zu essen. Beim ersten Bissen merken Sie, dass es voller Maden ist, und werfen es angewidert weg. Sie beschweren sich aber nicht.

**Aktion** Ist es für Sie normal, auf schlechtes Benehmen nicht zu reagieren? Suchen Sie für das Verhalten anderer lieber eine Ausrede, als sie zu konfrontieren? Natürlich ist manches entschuldbar, aber Ihr Traum deutet an, dass Sie instinktiv lieber zurückstecken. Ändern Sie dies in kleinen Schritten, indem Sie etwa schlechte Waren umtauschen oder andere auf Fehler hinweisen.

# » TRÄUME SIND DIE ANTWORTEN VON HEUTE AUF DIE FRAGEN VON MORGEN. «

**EDGAR CAYCE**

# GRÜNE BÄUME

Das Bild einer schönen Baumkrone, deren Blätter an vielen dicken und festen Ästen wachsen, weckt sofort Erinnerungen an lange Sommertage auf dem Land und glückliche Zeiten. Ein Traum von einem Baum, der im vollen Saft steht, mag rein positiv erscheinen, doch das Szenario kann etwas anderes enthalten, das auf komplexere Probleme hindeutet.

## SIE SEHNEN SICH NACH VERGANGENEN ZEITEN

Der Baum steht frei in der Landschaft. Niemand bewundert seine Schönheit, da er abgeschieden dasteht. Ihnen tut die Einsamkeit des Baumes leid. Wehmütig suchen Sie Trost in Erinnerungen an bessere Zeiten.

**Aktion** Akzeptieren Sie, dass die alten Zeiten vorbei sind. Lassen Sie Ihre Wehmut los und erinnern Sie sich daran, wie schön die Tage waren. Sie, der Träumende, sind der einsame Baum. Erkennen Sie, wie gut er gedeiht. Finden Sie neue Freunde und schaffen Sie neue Erinnerungen.

## IRGENDETWAS STIMMT NICHT

Die Landschaft ist trostlos. Sie fühlen sich unbehaglich und befürchten, der Baum vor Ihnen wurde in die falsche Erde gepflanzt, in zu kargen Boden. Trotz aller Widrigkeiten tut er sein Bestes zu gedeihen, aber er benötigt dringend Nährstoffe und Wasser.

**Aktion** Auch in diesem Traum sind Sie der Baum. Überlegen Sie, wie Sie sich besser pflegen können. Vielleicht haben Sie zu viel Kraft in eine Beziehung oder in Ihre Arbeit investiert, haben sich aufgerieben und bekommen nichts zurück. Vielleicht ist keine drastische Veränderung nötig, aber Sie müssen Ihre Speicher aufladen.

## EIN GRÜNER BAUM ALS SIGNAL

Ihr Traum fühlt sich rundum gut an. Sie sind an einem sonnigen, warmen Ort und fühlen sich wohl. Das Jahr mag Ihnen einen schwierigen Winter beschert haben, aber nun sagt Ihnen ein üppig grüner Baum – besonders, wenn er Früchte trägt –, dass die Schwierigkeiten vorbei sind oder bald vorbei sein werden.

**Aktion** Klopfen Sie sich auf die Schulter, denn Sie haben die schlechten Zeiten gut überstanden. Ein Früchte tragender Baum weist auf eine gesunde Entwicklung hin.

## SIE FÜHLEN MIT EINEM BAUM

Einem prächtigen Baum hat man einen Ast abgesägt und Sie betrauern diesen Verlust. Harz tropft aus der Wunde. Sie ist noch nicht richtig verheilt.

**Aktion** Spiegelt dieses Bild eine Erfahrung wider, die Sie gemacht haben, einen Verlust oder eine Trennung? Nehmen Sie Ihre emotionale Wunde an. Sagen Sie sich, dass Zeit und Gewöhnung die Trauer erleichtern werden, was auch immer der Grund sein mag.

# ENTWURZELTE BÄUME

Ein Baum, der nicht mehr fest verwurzelt ist, stimmt uns eher traurig. Er hat keinen Halt mehr, wurde seiner sicheren Heimat in der Erde entrissen. In der Traumwelt sind auch andere Bedeutungen möglich. Manchmal kann ein solcher Baum auch den Aufbruch in ein neues Zuhause, einen neuen Job oder andere Lebensumstände symbolisieren.

## EIN STURM WEHT BÄUME UM

Sie träumen von einem kräftigen Sturm, der Bäume umweht und Wälder verwüstet. Tatenlos müssen Sie zusehen, wie die Naturgewalten all die Schönheit zerstören. Sie denken an die Vögel und Wildtiere, die Ihr Zuhause verlieren, und sind darüber traurig, wie es nun ist.

**Aktion** Hat eine Entlassung, ein drohender Umzug oder eine andere drastische Veränderung diesen Traum ausgelöst? Ein Sturm deutet auf ein Geschehen hin, über das Sie keine Kontrolle haben. Nichts scheint diese bevorstehende Veränderung aufhalten zu können. Stellen Sie sich auf die neue Situation ein.

## RAUM FÜR NEUES

Ein großer Baum soll gefällt werden, die Baumpfleger rücken an. Die lauten Sägen kappen Äste, bis nur noch der Stamm übrig ist, der ausgegraben wird. Als alle Wurzeln und der Stumpf endlich entfernt sind, fühlen Sie sich auf befremdliche Weise zufrieden und erleichtert.

**Aktion** In der realen Welt werden Bäume auch gefällt, um Raum für neues Wachstum zu schaffen oder weil sie zu viel Schatten werfen. Passiert dies vielleicht gerade in Ihrem Innenleben? Werfen Sie emotionalen Ballast ab? Wenn ja, begrüßen Sie diese Veränderungen. Ihre Erleichterung im Traum deutet an, dass Sie durch einen positiven Wandel gehen.

## NEUE **ANORDNUNG**

Im Traum sehen Sie, wie jemand Ihren liebsten Zierbaum ausgräbt. Zuerst sind Sie wütend, dass jemand anderer die Sache in die Hand nimmt. Wie kann er es wagen? Doch dann erkennen Sie, dass dieser Baum an einer anderen Stelle im Park viel besser gedeihen und harmonischer wirken wird.

**Aktion** Haben Sie keine Angst davor, Veränderungen auszulösen, statt dies anderen zu überlassen. Der Baum im Traum könnte für Sie selbst stehen. Folgen Sie passiv den Plänen anderer? Wenn es wörtlich um das Versetzen eines Baumes geht, überlegen Sie zuerst genau, wo er am besten gedeihen kann. Dasselbe gilt für Ihr Leben. Finden Sie heraus, was Sie wollen, unterwerfen Sie sich nicht nur den Entscheidungen anderer Menschen.

## FALLSTUDIE: **KIERAN**

Kieran wurde sein Leben lang unterdrückt. Seine unsichere Mutter war immer diejenige, die Aufmerksamkeit benötigte. Ihre unausgewogene Beziehung blieb so, bis er zu Hause auszog. Dann fand er Arbeit als Landschaftsgärtner – und Ella.

Ella wollte eine andere Art der Beziehung. Sie wollte einen aufrichtigen, offenen Mann, der seine eigene emotionale Entwicklung in die Hand nahm. Immer wenn er in alte Gewohnheiten verfiel und sich zurücknahm oder wegduckte, zeigte sie ihren Ärger. Mit der Zeit verstand er, warum sie wütend war. Er lernte, für sich selbst einzutreten und ehrlich gemeintes Lob auch anzunehmen.

Eines Nachts zeigte ihm ein Traum, wie sehr sich sein Innenleben veränderte. Darin schob er eine Schubkarre eine Straße entlang. Die Schubkarre war voll mit saftiger Humuserde. Darauf lag ein entwurzelter Baum, der darauf wartete, eingepflanzt zu werden. Kieran verstand, dass er selbst dieser Baum war, der bereit war, an einem neuen Standort weitab vom zuvor eher kargen Boden zu gedeihen.

# FAULENDES OBST

Es ist traurig, wenn zuvor Frisches und Gesundes einfach nicht beachtet wird und verrottet. Das gilt nicht nur für Obst. Alles, was jemand zuerst pflegt und dann vernachlässigt, kann den eigenen Weg nicht mehr gehen. Träume verraten uns mehr über dieses Thema.

## HAUFENWEISE VERROTTENDES OBST

Unzählige reife Äpfel und Birnen liegen einfach da und verfaulen. Sie finden das erschütternd und denken an die Menschen, die das Obst dringend benötigen würden. Dann taucht jemand auf und schaufelt das Obst in einen Container. Es wird also doch gebraucht! Sie erkennen, dass auch faules Obst einem Zweck dient, etwa als Kompost oder Winterfutter für Vögel.

**Aktion** Ziehen Sie keine voreiligen Schlüsse! Ihr Traum zeigt Ihnen, dass der erste Eindruck nicht immer zutrifft. Dieser Haufen verrottender Früchte war für etwas gedacht, allerdings für etwas anderes, als Sie meinten. Passiert Ihnen das im wahren Leben auch? Treffen Sie Annahmen, die dann doch nicht stimmen? Wenn ja, versuchen Sie, das zu ändern. Sie sehen sonst nicht das gesamte Bild.

## ÜBERREIFES **OBST**

Sie träumen von einer Gruppe schöner Frauen auf dem Wochenmarkt. Eine von ihnen kauft Obst an einem Stand. Plötzlich ruft sie einer Begleiterin zu, das Obst sei überreif, schon lange schlecht. Sie rät den anderen ab, dieses ihrer Meinung nach faulige Obst zu kaufen, der Händler wehrt sich wütend. Die Frau tut Ihnen leid, denn Sie erkennen, dass das Obst eigentlich nicht ihr Problem ist.

**Aktion** Können Sie sich mit der Frau identifizieren? Haben Sie Angst, dass Sie Ihr Haltbarkeitsdatum bald überschreiten werden? Nehmen Sie sich den Hinweis im Traum zu Herzen. Sie hatten Mitleid mit der Frau, die das überreife Obst emotional so aus der Bahn warf, weil sie ihre Gefühle auf das frische Obst übertrug. Ihr Unterbewusstsein deutet auf Ihre Angst hin, nicht mehr gut auszusehen. Dabei zählt, wer Sie sind, nicht wie Sie aussehen!

## WÜTENDE **MENSCHEN** WERFEN **FAULES GEMÜSE**

Eine Gruppe Männer und Frauen hält Protestschilder hoch. Sie nähern sich ihr, um zu sehen, was da los ist. Es scheint eine politische Veranstaltung zu sein. Redner betreten die Bühne. Dann wirft jemand faule Tomaten. Die Redner reagieren völlig unbeeindruckt, doch Sie fühlen mit ihnen. Die scheinen aber zu wissen, dass die Menge zu Recht wütend ist.

**Aktion** Wenn Sie sich in letzter Zeit über eine Ungerechtigkeit geärgert haben, fragen Sie sich, was der Traum Ihnen sagt: Sie möchten Ihre Abscheu ausdrücken, aber die Opfer ärgern sich über die Bestrafung überhaupt nicht. Stellen Sie also die Person, von der Sie sich ungerecht behandelt fühlen, ganz in Ruhe zur Rede. Möglicherweise reagiert sie ja wie die Redner im Traum und Sie können die Situation leicht klären.

# EIN VULKAN BRICHT AUS

Viele Vulkane schlafen, der See aus geschmolzenem Gestein in ihrem Inneren liegt ruhig da. Aber wenn sie ausbrechen, sind die Folgen oftmals heftig und es kann sehr gefährlich werden. Die Parallelen zu wütenden Menschen sind offensichtlich: Wenn ihr Temperament überkocht, sind sie unberechenbar. Träume warnen uns häufig vor solchen Ausbrüchen.

## SIE FLIEHEN VOR LAVA

Sie hören ein Rumoren und dann, als der Vulkan ausbricht, die verängstigten Schreie von Menschen. Mit anderen zusammen laufen Sie davon und versuchen, dem rotglühenden Lavastrom zu entkommen. Instinktiv laufen Sie dorthin, wo die Lava nicht hinfließt, und wissen, das ist der richtige Weg, der in Sicherheit führt.

**Aktion** Droht in Ihrem Leben eine Eruption? Wenn Sie eine wichtige, lebensverändernde Entscheidung treffen müssen, dann bedenken Sie, wie andere in Ihrer Nähe davon beeinflusst werden. Sie müssen die betreffenden Personen darauf vorbereiten und vielleicht auch warnen, Abstand zu halten, wenn Sie mit Ihrer inneren Glut kämpfen.

## EIN VULKAN TÖTET MENSCHEN

Im Traum wandern Sie durch die Straßen eines Ortes unterhalb eines Vulkans. Sie sehen unzählige Tote. Es wirkt, als seien sie innerhalb von Sekunden gestorben – mitten in ihrem alltäglichen Tun. Sie erkennen, dass die tödlichen Gase des Vulkans dafür verantwortlich sind. Die Szene verstört Sie.

**Aktion** Haben Sie Angst, Unheil könnte Sie und Ihre Familie plötzlich treffen? Der Vulkan im Traum steht für die Quelle des Unheils, das im wahren Leben überall lauern könnte. Sie müssen akzeptieren lernen, dass Tragödien passieren. Es gibt aber keinen Grund, warum Sie im Vergleich zu anderen davon besonders betroffen sein sollten. Genießen Sie Ihr Leben, komme was wolle. So leben Sie entspannter.

## VULKANAUSBRUCH

Ihre Taschen sind gepackt, Sie haben Ticket und Pass zur Hand und können in den Urlaub fliegen. Da hören Sie im Radio von einem Vulkanausbruch, der Ihre Reise verhindert. Sie sind verzweifelt. Wie kann ein solches Ereignis Ihren lang ersehnten Urlaub vereiteln? Am Boden zerstört haben Sie das Gefühl, jemand müsste doch etwas tun können. Politiker oder Wissenschaftler müssten solche Katastrophen doch verhindern können.

**Aktion** Natürlich ist das nicht nur unsinnig, sondern sogar unmöglich. Die Natur ist nicht beherrschbar. Sind Sie wütend auf Menschen in Ihrer Nähe, die nichts unternommen haben, um Ihnen Dinge zu erleichtern? Überlegen Sie, wie Sie Ihre Situation verbessern können, statt darauf zu warten, dass andere es tun.

# ERTRINKEN

Wasser findet sich fast überall auf der Erde: als schöne Flüsse, mächtige Ozeane, Seen oder Eis. Es hält uns am Leben, kann aber ebenso unseren Tod bedeuten, wenn wir zu viel oder zu wenig davon haben. Kein Wunder also, dass Träume uns seine Macht vor Augen führen.

## IN VERZWEIFLUNG ERTRINKEN

Das Wasser ist hier eher der Hintergrund als ein nasses Grab. Dieser Traum hat keine wirkliche Geschichte, sondern erzählt von einer depressiven Stimmung, die in der Tiefe lauert. Sie sind ganz allein unter Wasser. Es fühlt sich an, als würden Sie ertrinken, doch Sie wissen dennoch, dass dies nicht das Ende ist.

**Aktion** Depression kommt in allen möglichen Grauschattierungen vor. Dieser Traum zeigt schlicht, wie Sie sich derzeit fühlen. Wenn diese Stimmung länger anhält, gehen Sie zum Arzt und lassen Sie sich helfen. Oder suchen Sie sich einen guten Therapeuten und besprechen Sie Ihre Probleme und Ihre düsteren Gedanken mit ihm oder ihr.

## TIERBABYS WERDEN ERTRÄNKT

Jemand erzählt Ihnen, dass Tierbabys ertränkt werden sollen. Man versichert Ihnen, das sei die humanste Art, die Tiere zu entsorgen, denn es gäbe niemanden, der sich um sie kümmern würde. Sie sind bestürzt und wollen die kleinen, hilflosen Geschöpfe retten.

**Aktion** Diese kleinen, hilflosen Geschöpfe sind ein Bild für einen Teil von Ihnen, der sich ungeliebt und verstoßen fühlt. Eine Ihrer Subpersönlichkeiten identifiziert sich mit den hilflosen Welpen, die nichts gegen ihr Schicksal tun können. Aber: Im Traum werden sie nicht ertränkt, sie hören nur, das sei geplant. Stellen Sie sich also Ihrem Gefühl des Ungeliebtseins und überprüfen Sie, wie die Realität aussieht. Versuchen Sie, Zweifel im offenen Gespräch mit Ihrem Arbeitgeber, Partner oder Freunden auszuräumen. Falls Sie vermittelt bekommen, dass es an der Zeit ist, sich neu zu orientieren, seien Sie dankbar, dass Ihr Traum Sie aus der Passivität geholt hat.

## SIE FALLEN INS WASSER

Sie fallen in einen Swimmingpool und schaffen es nicht, wieder aufzutauchen. Das Wasser ist eiskalt und Sie schlagen in Panik wild um sich, bekommen keine Luft. Ihre tiefe Angst lässt Sie vergessen, dass Sie mit den Armen aufwärts rudern können. Sie haben das Gefühl, da nie mehr lebend herauszukommen.

**Aktion** Gibt es ein emotionales Problem, dass Sie überwältigt? Wasser steht in Träumen oft für Gefühle und wenn die übermächtig werden, meinen wir darin zu ertrinken. Wie im Traum können wir nicht mehr rational denken. Versuchen Sie, sich mit ruhigen, tiefen Atemzügen zu beruhigen, und entschlüsseln Sie die Traumbotschaft. Suchen Sie nach dem Grund für Ihre Panik und überlegen Sie, was Sie tun können. Denken Sie an den Hinweis im Traum: Tauchen Sie auf und atmen Sie tief durch.

# IM MEER SCHWIMMEN

In das warme Meer einzutauchen ist verführerisch. Es fühlt sich an wie die Sicherheit im Mutterleib oder wie das Sich-Aalen im Badewasser. Der Ozean hat aber, vielleicht wegen seiner Weite, einen noch größeren Reiz, denn er bietet mehr Bewegungsfreiheit. In Träumen kommt er häufig vor.

## NACKT SCHWIMMEN

Sie träumen, dass Sie Ihre Kleider abwerfen und zum Wasser laufen. Eine andere Person hatte dieselbe Idee und gemeinsam schwimmen sie im herrlich warmen Meer. Es kommt zu einem Hautkontakt, aber der hat nichts Sexuelles. Da sind nur zwei Menschen, die sich an ihrer Freiheit und diesem wundervollen Tag erfreuen. Sie fühlen sich rundum wohl, als ob Sie mit einem alten, vertrauten Freund zusammen wären.

**Aktion** Es geht darum, wieder Kontakt mit sich selbst aufzunehmen: Der zweite Badende ist Ihr Animus oder Ihre Anima (je nach Ihrem Geschlecht), Ihre zweite Hälfte, die Sie vervollständigt. Wasser steht für unser Gefühlsleben. Dies ist also ein positiver Traum in einer schönen, warmen Umgebung. Sie haben sich mit dem fehlenden Anteil wieder verbunden.

## LUSTVOLLES **HERUMTOLLEN**

Die Nacht ist warm und schwül, Sie treiben genüsslich auf dem Rücken im Meer und bewundern die Sterne. Freunde tollen in der Nähe im Wasser, aber achten nicht auf die Sterne. Sie haben einfach nur Spaß. Alles ist perfekt, dennoch fehlt Ihnen irgendetwas zum Glück. Jemand schwimmt zu Ihnen und Sie lieben sich sinnlich im warmen Wasser. Nun haben Sie gefunden, was Sie brauchen.

**Aktion** Ein gesunder und wichtiger Wunschtraum: Sie scheinen sich in letzter Zeit etwas allein gefühlt zu haben (Sie beobachten die Sterne, nicht Ihre Freunde), Ihre Isolation ist aber selbst gewählt. Wenn möglich, planen Sie einen Urlaub, in dem Sie das Meer genießen können. Der Rest wird sich von selbst ergeben. Ist das nicht möglich, wenden Sie sich wieder mehr Ihren Freunden zu und geben Sie weniger den Außenseiter.

## SCHWIMMENDE **KINDER**

Kinder plantschen im flachen Meerwasser, da bemerken Sie, dass ein oder zwei von ihnen sich zu weit hinauswagen. Da das Wasser warm ist, können die Kleinen lange baden, aber Sie fangen an, sich Sorgen zu machen. Irgendwie sind da doch weniger Kinder als vorher. Wo sind die anderen hin? Besteht Gefahr für sie? Sind sie ertrunken? Sie bekommen Panik und wachen angespannt auf.

**Aktion** Machen Sie sich zu viele Gedanken um andere, die sich um sich selbst kümmern können? Die sich steigernde Angst in Ihrem Traum deutet darauf hin, dass Sie sich vor einigen Dingen in Ihrem Leben fürchten. Diese Angst haben Sie auf die fremden Kinder im Traum übertragen. Sie sind eines dieser Kinder – ein jüngerer Teil von Ihnen, der immer das Gefühl hatte, nicht verhindern zu können, dass schlimme Dinge passieren.

# DINGE UNTER WASSER

Was immer sich unter dem Wasser und den Wellen verbirgt, hat den Reiz des Unbekannten, es ist unsichtbar und deshalb geheimnisvoll. Jung zufolge thematisieren wir das Unbewusste, wenn wir uns fragen, was unter der Oberfläche liegt. Unser träumendes Selbst zeigt sich durch die Sprache der Symbole.

## WRACK IM KÜNSTLICHEN MEER

Sie beobachten entsetzt, wie ein Schiff schwankt, sinkt und langsam im Wasser verschwindet – wie in einem Kriegsfilm. Da merken Sie, das ist ein Film, alles ist vorgetäuscht, niemand ist in Gefahr. Dann zeigt Ihr Traum ähnlich hochdramatische gestellte Situationen, in denen Stuntmen die gefährlichen Szenen übernehmen. Beim Aufwachen staunen Sie über die perfekte Illusion.

**Aktion** Gibt es eine Parallele zu Ihrem Leben? Ist eine offensichtliche Katastrophe nichts als Fassade? Ihr Unterbewusstsein sendet Ihnen eine Warnung: Schauen Sie unter die Oberfläche und lassen Sie sich nicht vom Augenschein täuschen.

## GEHEIMNISVOLLES **OBJEKT**

Jemand sagt, etwas sei ins Wasser geworfen worden und nun verloren. Er scheint beunruhigt. War der Gegenstand etwa wertvoll? Sie möchten ihn unbedingt finden. Sie tauchen tief ins dunkle Wasser, um zu bergen, was auch immer es ist oder enthält. Das Wasser wirkt dunkel und bedrohlich, aber dann sehen Sie etwas.

**Aktion** Ihre Psyche deutet an, dass es nötig ist, sich selbst zu erkunden, vielleicht in einer Therapie. Ein tiefes Eintauchen ins Unbewusste ist Teil dieser Arbeit: die Suche nach dem metaphorischen Gegenstand, der in Ihrer Innenwelt verborgen liegt und Antworten liefern wird. Überlegen Sie zuerst, was das sein könnte. Sind es verborgene, schmerzhafte Erinnerungen? Finden Sie dann einen guten Therapeuten.

## VERSUNKENES **SPIELZEUG**

Gezeitentümpel erinnern Sie an Ihre Urlaube als Kind und an Spiele mit Schaufel und Eimer. Plötzlich sehen Sie in einem der Tümpel das Modell eines Bootes, mit dem Sie einmal gesegelt sind. Sie ziehen das Boot aus dem Sand und fühlen Emotionen in sich aufsteigen.

**Aktion** Welche Erinnerungen kommen beim Anblick des Spielzeugboots hoch? Gibt es einen Jahrestag oder ein Ereignis in Ihrem derzeitigen Leben, das in diesem Traum mitschwingt? Was verbinden Sie mit dem Traumgeschehen oder den Emotionen im Zusammenhang mit dem Jahrestag oder dem Spielzeug?

### FALLSTUDIE: DYLAN

Dylan war ein schüchterner Junge. Er ging ohne Abschluss von der Schule ab und ergriff dann einen langweiligen Job. Niemand bemerkte seine Intelligenz, bis er eines Tages an der Bushaltestelle mit einem emeritierten Professor sprach.

Die Unterhaltung faszinierte Dylan und er besorgte sich Bücher zu dem Thema, über das sie gesprochen hatten. Als er den Professor wiedertraf, ermutigte dieser ihn dazu, ein Abendstudium zu beginnen. Seine gesamte Perspektive änderte sich, als er durch diese Anregung einen Abschluss machte und eine erfüllende Arbeit fand.

Eines Nachts beobachtete er im Traum, wie ein riesiges Wikingerlangschiff aus dem Wasser gehoben wurde. Er wusste, das Schiff war eine Metapher für ihn selbst: Es hatte lange versunken dagelegen, wurde aber nun an die Oberfläche gehoben. Im Traum stand nahe bei ihm ein alter Mann, ein Senex oder Weiser, und Dylan wusste, dass er all dies dem Professor zu verdanken hatte, der ihn ermutigt hatte, seine Talente zu nutzen.

# TSUNAMIS UND FLUTEN

Ein Tsunami im Traum kann eine wichtige Botschaft vermitteln und symbolisch verdeutlichen, wie stark der emotionale Aufruhr des Träumenden ist. Wir wissen, Seebeben stellen eine große Gefahr dar. Sie können sehr stark sein und sind unvorhersehbar. Unsere Alltagssorgen können im Traum so riesig erscheinen wie die davon ausgelösten Wellen.

## DER WELLE ENTGEGENTRETEN

Sie sehen einen Tsunami auf sich zurollen und halten sich mit aller Macht irgendwo fest. Die Welle kommt immer näher. Sie klammern sich an etwas, ziehen den Kopf ein und lassen die Welle auf sich niederstürzen. Dann schwappt sie über Sie hinweg – Sie sind sicher.

**Aktion** Trotz Ihres turbulenten Alltags – das Wasser steht für Emotionen – beweisen Sie im Traum Standfestigkeit. Warum haben Sie das Gefühl, ein Tsunami würde Sie überrollen? Fühlen Sie sich in letzter Zeit sehr vom Leben gebeutelt? Haben Sie das Gefühl, emotional zu ertrinken? Erinnern Sie sich an Ihre innere Stärke. Ihr Traum handelt vom Überleben, vertrauen Sie darauf.

## VON **FLUTEN UMGEBEN**

Ihr Haus ist von Wasser umgeben. Wie es scheint, führt kein Weg ins Trockene. Sie fühlen sich hilflos und von anderen Menschen abgeschnitten. Als das Wasser in die untere Etage läuft, beschließen Sie, nach oben zu steigen und irgendwie aufs Dach zu klettern. Von dort sehen Sie Retter in der Nähe. Sie müssen nur geduldig warten.

**Aktion** Die Flut steht für die Angst vor Bewegungslosigkeit. Der Traum zeigt Ihnen, dass ohne die nötigen Mittel – sei es Ausrüstung, Geld oder Zeit – Warten Ihre einzige Möglichkeit ist. Fluten gehen irgendwann zurück. Was immer Sie derzeit umgibt, ob emotionaler Stress, zu viel Arbeit oder familiäre Sorgen, wird ebenfalls abfließen.

## EIN **ZERSTÖRERISCHER TSUNAMI**

Sie träumen von einem Tsunami, der alles, was ihm in den Weg kommt, zerstört. Sie sind mit völliger Verwüstung konfrontiert. Es ist nichts übrig, worauf sich ein neues Leben aufbauen ließe.

**Aktion** Haben Sie das Gefühl, von Ihren Emotionen verschlungen zu werden? Wenn es nichts mehr gibt, worauf sich ein neues Leben errichten lässt, bedeutet dies positiv gesehen: Sie müssen weiterziehen, Veränderungen erwägen und eine neue Umgebung für sich erschaffen. Wenn eine so starke Erschütterung wie ein Tsunami nötig war, waren Sie vielleicht zu festgefahren. Ihr Traum drängt Sie, das, was vorbei ist, hinter sich zu lassen.

» DER TRAUM IST DER
BESTE BEWEIS DAFÜR,
DASS WIR NICHT SO
FEST IN UNSERE HAUT
EINGESCHLOSSEN SIND,
ALS ES SCHEINT. «

**FRIEDRICH HEBBEL**
*TAGEBÜCHER*, HISTORISCH-KRITISCHE AUSGABE VON R. M. WERNER,
1903–1904. ZWEITES TAGEBUCH, 1844

# GLOSSAR

Erklärt werden an dieser Stelle einige gängige Begriffe aus der Psychotherapie, die im Zusammenhang mit der Traumdeutung verwendet werden und in diesem Buch vorkommen.

### ANIMA/ANIMUS
Anima und Animus repräsentieren die jeweils unbewusste Seite von Mann und Frau. Dabei ist der Animus die unbewusste männliche Seite einer Frau und die Anima die unbewusste weibliche Seite eines Mannes. Kann ein Mensch diese beiden Seiten in seiner inneren Welt vereinen, erreicht er innere Balance.

### ARCHETYP
Die Helden und Götter des griechischen Pantheons lieferten Carl Gustav Jung die Ideen zu seiner Theorie der Archetypen – Vorbilder für Menschen, Persönlichkeiten und Verhaltensweisen, die uns an das erinnern, was wir über die mythologischen Charaktere der Antike wissen. Wenn ein Mensch unserer Zeit sich nach bestimmten klar definierten Charakteristika verhält, wie etwa der Held, der anderen in Not hilft, lebt er eine ursprüngliche Rolle bzw. eine angeborene Tendenz aus, die in seiner Erziehung gefördert wurde, um ihm im Leben zu helfen. Es gibt viele Archetypen, hier nur einige wenige: der Betrüger, der Krieger, die Mutter, der Dieb, der Narr, der Zauberer und die Prostituierte (nicht zu verwechseln mit Sexarbeitern; es geht mehr um die Eigenschaft, sich unter Wert zu verkaufen, wie Menschen, die sich prostituieren, indem sie niedere Funktionen ausüben).

### BEWUSSTSEIN
Allgemein ausgedrückt, bedeutet Bewusstsein, dass das wache Selbst sich ständig wandelnder Erfahrungen bewusst ist, während es gemäß seiner Gefühle, Reaktionen und sozialen wie elterlichen Konditionierung funktioniert. Gelangt aus den Tiefen der Psyche Material an die bewusste Oberfläche – was gewöhnlich im Rahmen einer Therapie passiert –, sollte seine Bedeutung anerkannt und in das bewusste Denken der Person integriert werden, sodass das Unbekannte ins Bewusstsein gelangt.

### GRANDIOSITÄT
Beschreibt ein übersteigertes Selbstbewusstsein, ein unrealistisches Gefühl der Überlegenheit, bei dem sich jemand für besser hält als andere. Klinisch gesehen ist Grandiosität ein Aspekt der narzisstischen Persönlichkeitsstörung und liegt in einem mangelnden Selbstwertgefühl begründet. Übersteigertes Selbstbewusstsein kann aber bei jedem auftreten. So enthüllen manche Träume, wenn sie etwa von einer Freundschaft mit gekrönten Häuptern oder Berühmtheiten handeln, den Wunsch, etwas Besonderes zu sein. Dies spricht nicht notwendigerweise für eine Persönlichkeitsstörung, sondern für das Bedürfnis, auf irgendeine Art bedeutend zu sein.

### HYBRIS
Ein übersteigertes Selbstbewusstsein, das auf Selbsttäuschung beruht, auf dem Glauben, dass wir auf vieles stolz sein können. Es manifestiert sich oft als Arroganz. Unsere Träume deuten es teilweise an. Die Herausforderung ist dann, die Hinweise darauf zu verstehen.

### INDIVIDUATION
Der Weg ins Innerste, wie Carl Gustav Jung den Prozess beschreibt, indem das Individuum sich ausprägt, zur unabhängigen, separaten Einheit wird. Man erreicht ein Gleichgewicht zwischen Unbewusstsein und Bewusstsein, um ein völlig integriertes Selbst zu werden. Wer die Individuation erreicht hat, richtet sich nicht länger nach von den Eltern oder der kulturellen Umgebung übernommenen Lebensansichten, sondern ist ein authentisches Selbst. Ab diesem Punkt können wir wirklich als psychologisch erwachsen gelten.

### INFLATION
Ähnelt der Hybris und ist der psychotherapeutische Begriff für

Aufgeblasenheit. Sie dient häufig dazu, Gefühle der Unwichtigkeit und der Minderwertigkeit zu kompensieren. Das Verhalten erinnert an männliche Vögel, die sich aufpumpen, um größer zu wirken. Diese angebliche Größe kann nach außen eindrucksvoll wirken, wenn wir uns der Welt mit dieser aufgeblähten, falschen Persönlichkeit präsentieren.

## INNENWELT

Wir alle haben eine Innen- und eine Außenwelt. Die Innenwelt unterscheidet sich insofern von der Außenwelt, als dass wir in ihr unseren emotionalen Anteilen begegnen, unserem spirituellen Selbst. Dort wohnt in gewisser Weise unsere Psyche. In ihr entstehen unsere Träume, gestaltet von unserer Psyche, die so viel mehr weiß, als uns in der Außenwelt, in der unser Ego wohnt, zugänglich ist. Die Außenwelt ist der Ort unserer Existenz, in der wir Beziehungen aufbauen, unsere Karriere verfolgen und Verantwortung übernehmen. Meditation kann dabei helfen, die beiden Welten ins Gleichgewicht zu bringen.

## METAPHER

Die Metapher ist ein sprachliches Bild, bei dem ein Wort oder eine Handlung aus einem Zusammenhang in einen anderen übertragen wird. So kann beispielsweise ein Mann als Säule der Gesellschaft beschrieben werden. Dies ist natürlich nicht wörtlich gemeint, aber es vermittelt das Bild, dass er eine tragende Rolle für die Gemeinschaft übernommen hat. Metaphern kommen vermutlich deshalb häufig in Träumen vor, weil sie die Kernaussage der Psyche gut zusammenfassen. So wird aus einem länglichen Objekt ein Penis (wenn wir Freuds Denken folgen), ein Haus steht für den Träumenden, wobei der Keller für unbewusste, verborgene Aspekte steht und der Dachboden für jene Themen, die den Geist, das Gehirn und spirituelle Dinge betreffen. Was wir daraus entschlüsseln können, hängt vom Traumszenario, dem »felt sense«, den vorkommenden Personen und der Geschichte ab.

## PERSONA

Ursprünglich war eine Persona die Maske eines Schauspielers. Heute beschreibt das Wort eine psychologische Maske, die viele, wenn nicht die meisten Menschen tragen, um ihr wahres Selbst zu verbergen. Das hat nichts Negatives oder Heuchlerisches. Vielmehr trägt es dazu bei, dass wir uns wohlfühlen, ähnlich wie Schminke oder ein neuer Anzug uns helfen, uns der Welt selbstbewusster zu präsentieren. Aus psychologischer Sicht ist die Persona ein Aspekt unseres Charakters, den wir absichtlich (oder unabsichtlich) zeigen. So kann der Clown auf einer Party in Wahrheit ein sehr unglücklicher Mensch sein.

## PROJEKTION

Wenn wir einen oder mehrere Aspekte unseres Selbst verleugnen, weil wir sie als unangenehm empfinden, projizieren wir diese häufig auf andere. Träume können dies manchmal enthüllen, indem sie dem Träumenden das Verhalten einer anderen Person als völlig unerhört präsentieren. Gleichzeitig spiegelt sich darin aber wider, wie der Träumer sich insgeheim im Wachleben manchmal selbst fühlt – so als ob er einen Hinweis für ein besseres Verständnis seiner selbst erhielte. Viele Paare neigen zur Projektion, ohne ihr Verhalten zu verstehen und ohne den Schaden zu erkennen, den sie damit anrichten können. Sie sind wütend aufeinander, obwohl die Wut eigentlich zu einem früheren Zeitpunkt hätte gezeigt werden müssen, weil sie vielleicht Mutter, Vater, einem Lehrer oder einem Geschwisterteil gegolten hat. Da Kindern aber verboten wird, Wut zu zeigen, staut sie sich an und findet Jahre später Ausdruck. Dann oft gegenüber dem Beziehungspartner.

## PSYCHE

Die Psyche ist die Gesamtheit des bewussten und unbewussten menschlichen Geistes. Carl Gustav Jung glaubte, die

# GLOSSAR Fortsetzung

Psyche würde als regulierendes System arbeiten. Wir können dies beispielsweise bei hilfreichen Träumen beobachten, die uns zu unserer inneren Balance führen wollen. Die Psyche wurde aber auch als Seele, Geist und Wesen des Menschen beschrieben.

## SCHATTEN

Wie dieser Begriff es andeutet: Alles das, was nicht beleuchtet wird, bleibt im Schatten verborgen. Das trifft auch auf unvorteilhafte, ungeliebte Aspekte unseres selbstbestimmten Ichs zu, die wir nach außen nicht zeigen wollen. Schatten sind Aspekte unseres Selbst, die uns als inakzeptabel oder als zu erschreckend erscheinen, als dass wir sie uns eingestehen könnten. Unsere Schattenseiten treten zutage, wenn ein Geschehen eine unbedachte Reaktion hervorruft, und wir beispielsweise gereizt oder sogar gewalttätig reagieren, bevor wir unsere Emotion wieder unter Kontrolle bekommen.

## SUBPERSÖNLICHKEIT

Eine Subpersönlichkeit ist ein abgespaltener Teil der Innenwelt des Hauptcharakters, der gewöhnlich als inakzeptabel oder peinlich betrachtet wird. Ähnlich wie die Archetypen tragen wir viele Unterpersönlichkeiten in uns, z. B. einen Richter, einen Clown oder vielleicht sogar einen potenziellen Mörder. Sie alle sind in unserer Innenwelt eingeschlossen aus Angst, dass sie uns in Schwierigkeiten bringen könnten. Menschen beschreiben oft, dass etwas von ihnen Besitz ergreift, von dem sie nicht wussten, dass es existiert.

Aus Gewohnheit verbergen wir gewöhnlich unsere inakzeptablen, unsozialen Subpersönlichkeiten. Doch wenn wir es am wenigsten erwarten, dann melden sie sich zu Wort, manchmal auch lautstark. Es ist am besten, sie möglichst früh zu erkennen und möglichst genau zu wissen, was passiert, wenn sie auftauchen.

## SYMBOLE

Das träumende Selbst nutzt Symbole, um das Offensichtliche zu verdeutlichen: Sie sehen eine Brücke, die für einen Übergang auf die andere Seite steht. Ein Brief bringt Neuigkeiten, ein Polizist steht für Recht und Ordnung, eine Brieftasche für Geld und Identität oder ein Zug für einen Ortswechsel, eine Reise. Ein ganzer Traum kann in Symbolen zu uns sprechen.

# LITERATURHINWEISE

Das vorliegende Buch ist stark von C. G. Jungs Lehre beeinflusst, es konzentriert sich auf spirituelle und archetypische Metaphern und Symbole. Weiter Interessierten sei der folgende Lesestoff empfohlen.

*Das große Buch vom Schlaf* Matthew Walker (Goldmann, München, 2018)

*Focusing-orientierte Psychotherapie: Ein Handbuch der erlebensbezogenen Methode* Eugene T. Gendlin (Stuttgart: Klett-Cotta, 2018)

*Die Praxis der Achtsamkeit: eine Einführung in die Vipassana-Meditation* Mahathera Henepola Gunaratana, Kristkeitz, Heidelberg, 1996

*Why Can't I Meditate?* Nigel Wellings (Penguin Random House, 2015)

*Bilder der Seele: Traumarbeit und aktive Imagination* Robert A. Johnson, München: Hugendubel 1995

*Dreams That Change Our Lives* Robert J. Hoss and Robert P. Gongloff, Editors (Chiron Publications Asheville North Carolina, 2017)

*The Essential Jung* Selected writings introduced by Anthony Storr (Fontana Press, 1983)

*Erinnerungen, Träume, Gedanken* C. G. Jung, aufgezeichnet und herausgegeben von Aniela Jaffé. Rascher, Zürich/Stuttgart 1962, posthume Autobiografie (Neuausgabe: Düsseldorf, Patmos, 2009)

*Intelligente Zellen: wie Erfahrungen unsere Gene steuern* Bruce H. Lipton, Dorfen, KOHA, 2016

*Edgar Cayce: Die Geschichte eines schicksalhaften Lebens* Thomas Sugrue, München, Hugendubel, 1981

*Dream Images and Symbols* Kevin J. Todeschi (A .R. E. Press, Virginia Beach, 1995)

# WEBSEITEN ZU PSYCHOTHERAPIE

Psychotherapeutensuche von Pro Psychotherapie e. V. und therapie.de
https://www.therapie.de/psyche/info/ratgeber/links/verbaende

Deutsche Gesellschaft für Beratung e. V.
https://www.dachverband-beratung.de/wir-ueber-uns/mitgliedsverbaende

Verband psychologischer Berater e. V.
https://vpsyb.org

Deutsche Psychotherapeuten Vereinigung e. V.
https://www.deutschepsychotherapeutenvereinigung.de/der-verband

Berufsverband Psychosoziale Berufe
https://www.dgvt-bv.de/aktuell

NAKOS Nationale Kontakt- und Informationsstelle zur Anregung und Unterstützung von Selbsthilfegruppen
Otto-Suhr-Allee 115
10585 Berlin
www.nakos.de

Broschüre »Psychologische Beratung hilft …« des Bundesministeriums für Familien, Senioren, Frauen und Jugend
Herunterzuladen unter:
www.bmfsfj.de/bmfsfj/service/publikationen/psychologische-beratung-hilft---/96026

ÖBVP Österreichischer Bundesverband für Psychotherapie
www.psychotherapie.at

BÖP Berufsverband Österreichischer Psychologinnen und Psychologen
www.boep.or.at

VÖPP Vereinigung österreichischer Psychotherapeutinnen und Psychotherapeuten
www.voepp.at

FSP Föderation der Schweizer Psychologinnen und Psychologen
www.psychologie.ch

ASP Assoziation Schweizer Psychotherapeutinnen und Psychotherapeuten
https://psychotherapie.ch

# QUELLEN

**Warum träumen wir?**
Matthew Walker, *Das große Buch vom Schlaf*, Goldmann, München, 2018
Ebda. REM-Schlaf und Non-REM-Schlaf
Michael J. Breus, »Why Do We Dream?«, Februar 2015, *Psychology Today*, https://www.psychology today.com/us/blog/sleep-newzzz/201502/why-do-we-dream; https://www.thesleepdoctor.com, letzter Abruf: 30.8.2019

**Was ist gesunder Schlaf?**
J. L. Kavanau, »Sleep, memory maintenance, and mental disorders«, *Journal of Neuropathy and Clinical Neurosciences*. 12 (2): 199–208
Michelle Carr, »What's Behind Your Recurring Dreams« *Psychology Today,* November 2014, https://www.psychologytoday.com/gb/blog/dream-factory/201411/whats-behind-your-recurring-dreams, letzter Abruf: 30.8.2019
Lee Ann Obringer, »How Dreams Work«, *HowStuffWorks,* https://science.howstuffworks.com/life/inside-the-mind/human-brain/dream.htm, letzter Abruf: 30.8.2019
National Sleep Foundation, »What is Circadian Rhythm?«, https://www.sleepfoundation.org/articles/what-circadian-rhythm, letzter Abruf: 30.8.2019
Massachusetts Institute of Technology, »*Animals have complex dreams, MIT researcher proves*«, http://news.mit.edu/2001/dreaming, letzter Abruf: 30.8.2019

**Die frühen Traumforscher**
Sigmund Freud, *Die Traumdeutung*, Verlag Franz Deuticke, Leipzig/Wien 1899/1900
Anthony Storr, *The Essential Jung Selected Writings*, Fontana Press, 1998
Calvin S. Hall, *The Meaning of Dreams*, Harper & Brothers, New York, 1953
Edgar Casey, Kevin J. Todeschi, *Dream Images and Symbols*, Creative Breakthroughs Inc., 1995

**Die Geschichte der Traumdeutung**
»Ancient Theories About Dreams«, hochgeladen von Carla Barbe, http://www.academia.edu/3100958
Marcia Malory, »Chinese Dream Interpretation«, http://dreaming.life/interpreting-dreams/ancient-chinese-dream-interpretation.htm, letzter Abruf: 30.8.2019
Joshua J. Mark, »Ancient History Encyclopedia«, April 2014, http://ancient.eu/Akhenaten, letzter Abruf: 30.8.2019
Claire Shofield, »Mother Shipton: The Legend of Yorkshire's Famous Prophetess«, *Yorkshire Post*, Oktober 2018, https://www.yorkshirepost.co.uk/news/mother-shipton-the-legend-of-yorkshire-s-famous-prophetess-1-9422047, letzter Abruf: 30.8.2019
»Nostradamus«, https://de.wikipedia.org/wiki/Nostradamus, letzter Abruf: 30.8.2019

**Prophetische Träume**
Freud Museum, London, »The Interpretation of Dreams«, https://freud.org.uk/learn/discover-psychoanalysis/the-interpretation-of-dreams/
C. G. Jung, *Erinnerungen, Träume, Gedanken*, aufgezeichnet und herausgegeben von Aniela Jaffé. Rascher, Zürich/Stuttgart 1962, posthume Autobiografie (Neuausgabe: Düsseldorf, Patmos, 2009)
»Remote Viewing«, https://en.wikipedia.org/wiki/Remote_viewing
»Prophetic Dreams«, http://www.dream-interpretation.org.uk/types-of-dreams/prophetic-dreams.htm
Rebecca Turner, »10 Dreams That Changed Human History«, https://www.world-of-lucid-dreaming.com/10-dreams-that-changed-the-course-of-human-history.html

**Klarträumen (luzides Träumen)**
Lee Ann Obringer, »Recurring Dreams and Nightmares«, *HowStuffWorks,* https://science.howstuffworks.com/life/inside-the-mind/human-brain/dream8.htm, letzter Abruf: 30.8.2019

Stephen LaBerge, *Lucid Dreaming* (Auszug aus einer DVD, mit Jeffrey Mishlove von Thinking Allowed TV), https://www.youtube.com/watch?v=IG-sDcQiqMI, letzter Abruf: 30.8.2019

**Sekundärliteratur**
Stanley Krippner (Vorwort), Robert J. Hoss und Robert P. Gongloff (Herausgeber), *Dreams That Change Our Lives*, Chiron Publications, 2017

Eugene T Gendlin, *Focusing-orientierte Psychotherapie: Ein Handbuch der erlebensbezogenen Methode*, Stuttgart: Klett-Cotta, 2018

Mahathera Henepola Gunaratana, *Die Praxis der Achtsamkeit: eine Einführung in die Vipassana-Meditation*, Werner Kristkeitz, Heidelberg, 1996

Robert A. Johnson, *Bilder der Seele: Traumarbeit und aktive Imagination,* München, Hugendubel, 1995

# PSYCHOLOGISCHE BERATUNG UND PSYCHOTHERAPIE

Manchmal können wiederkehrende Träume, Albträume oder sich häufig ähnelnde Traumgeschichten darauf hindeuten, dass professionelle Hilfe angebracht ist. Viele Menschen sind durch ihre Träume verwirrt, beunruhigt oder auch nur neugierig, ohne zu erkennen, dass sie unbewusst mit ungelösten Problemen ringen. Auf der Suche nach mehr Klarheit können Gespräche mit Therapeuten hilfreich sein.

Was ist der Unterschied zwischen einer Psychotherapie und psychologischer Beratung? Psychologische Berater und Beratungsstellen arbeiten meist innerhalb eines engeren Zeitrahmens und befassen sich mit den Fragen, die ihre Klienten aktuell mitbringen. Psychotherapeuten haben eine höhere fachliche Qualifikation (Diplom-Psychologe oder Psychologe M. Sc. (Master of Science)) und befassen sich länger und eingehender auch mit verdeckten Traumata (selbst kleinste Kindheitsverletzungen können Spuren hinterlassen) und bringen unterdrückte Gefühle zutage, die bisher nicht bewusst wahrgenommen wurden.

Es heißt, psychologische Berater befragten auf der Suche nach Antworten das Bewusstsein, Psychotherapeuten das Unbewusste. Dies soll die wertvolle Arbeit von psychologischen Beratern nicht schmälern, sondern nur erklären, was zu erwarten ist, wenn man sich für die eine oder andere Beratungsform entscheidet.

Wenn aber beunruhigende oder faszinierende Träume zu einer ausgiebigen Beschäftigung mit der Traumwelt ermutigen, empfiehlt es sich, einen Spezialisten aufzusuchen, dessen Ausbildung ihm einen tieferen Einblick in das weite Feld des Unbewussten vermittelt hat. Berufsverbände, Krankenkassen sowie Gesundheitsministerien können bei der Suche nach einem geeigneten Therapeuten helfen (siehe hierzu auch S. 211). Dabei sollte darauf geachtet werden, dass Traumanalyse zum Angebot des betreffenden Therapeuten dazugehört.

Wenn Ihnen eine Gesprächstherapie nicht zusagt, nehmen Sie Kontakt zu einem der Berufsverbände auf. Vielleicht hat jemand vor Ort (beispielsweise ein Jung'scher Psychotherapeut) ja Interesse, Trauminterpretation zu vermitteln. Finden Sie heraus, ob derjenige bereit wäre, einen Workshop zum Thema anzubieten. Mit professioneller Anleitung kann eine Gruppe faszinierende und erhellende Einsichten gewinnen. Dies könnte der Beginn einer psychologischen Reise zu verborgenen Schätzen sein.

# REGISTER

# DIE AUTORIN

**Rosie March-Smith, UKCP, BCPC und emeritiertes Mitglied der UK Association of Humanistic Psychology Practitioners** ist seit fast 30 Jahren Psychotherapeutin. Sie begann ihre berufliche Laufbahn als Zeitungsjournalistin und war später international als Feuilletonistin tätig. Als Tutorin einer Schreibwerkstatt am Denman College im englischen Oxon und an anderen britischen Weiterbildungseinrichtungen unterrichtete sie auch Häftlinge im Gefängnis Reading, jenem Gefängnis, in dem einst der Schriftsteller Oscar Wilde inhaftiert war.

Ihr Interesse für Psychologie (und verborgene Ängste) wurde durch die Schriften ihrer Schüler immer größer und am Ende wurde sie Psychotherapeutin. Über ein Jahrzehnt bot sie in ihrem Haus in Somerset, wo sie heute noch lebt, Workshops für ganzheitliche Lebensführung und kreatives Schreiben an.

Rosie ist Mitbegründerin der The Dorset Association of Counselling and Psychotherapy, die Vorträge, Workshops und Unterstützung für professionelle Therapeuten im Westen Großbritanniens anbietet.

Als Autorin hat sie die beiden Publikationen der Open University Press *Counselling Skills for Complementary Therapists* und *Relationship Therapy* (auch McGraw-Hill Education) veröffentlicht.

# DANK

### Dank der Autorin
Die Autorin dankt ihren Kollegen Jo Lacy Smith, Julia Penrose, Molly Sobey, Flora Myer, Frances Hatch, Thekla Hickman, Sam Carr und Derek Smith für ihre unschätzbare Hilfe bei der Recherche und für ihre enthusiastische Unterstützung. Der Jung'sche Analyst Matthew Harwood schürte mit seiner Studiengruppe über Jahre ihr besonderes Interesse an der Traumarbeit: tief empfundenen Dank für diese Zeit, das Interesse und die intuitiven Einsichten.

Ein großer Dank gilt James und Mathew March-Smith für ihre prompte Hilfe bei den häufigen Problemen, die der unzuverlässige Computer der Autorin bereitete. Der Firma Pong Cheese gilt der Dank für ihre hilfreichen Informationen dazu, dass Käse je nach seiner Nährstoffzusammensetzung einen positiven oder negativen Effekt auf Träume haben kann.

Viele der Fallstudien stammen von früheren oder heutigen Patienten, die mir alle die freundliche Genehmigung gaben, sie in diesem Buch zu verwenden. Ihnen allen gilt ein herzlicher Dank.

Und schließlich dankt die Autorin der Verlagsredakteurin Emma Hill, die nicht nur dafür sorgte, dass dieses Projekt glatt ablief, sondern sehr angenehm war. Sie bedankt sich wärmstens für ihre Geduld und den sanften Ansporn während des gesamten Projekts.

### Dank des Verlags
Der Verlag dankt Matthew Bowes für seine strukturierende Mitarbeit in den frühen Projektphasen, John Friend für das Korrektorat und Marie Lorimer für die Registererstellung.

# NOCH MEHR ZU DEN THEMEN ACHTSAMKEIT, SELF CARE UND SELBSTFINDUNG

ISBN 978-3-8310-3645-5
16,95 € (D) / 17,50 € (A)

ISBN 978-3-8310-3841-1
14,95 € (D) / 15,40 € (A)

ISBN 978-3-8310-3799-5
19,95 € (D) / 20,60 € (A)

ISBN 978-3-8310-3671-4
19,95 € (D) / 20,60 € (A)

www.dorlingkindersley.de